VERS LA VIE SAUVAGE

CREDIT PHOTOGRAPHIQUE

Bouche Michel, (Parc National des Ecrins) p. 153
Desjacquot Jean-Marc, p. 27
Filliol Michel (Parc National de la Vanoise), p. 163
Jacana, p. 115, p. 127
Jalabert Didier (Parc National de la Vanoise), p. 58, p. 119
Jeudy Jean-Marie, p. 44
Martinot Jean-Pierre (Parc National de la Vanoise), 1re et 4e de couverture, p. 4, p. 8, p. 10, p. 12, p. 15, p. 17, p. 18 haut, bas, p. 19, p. 20, p. 21, p. 22, p. 24, p. 29 (droite, gauche), p. 31, p. 33, p. 34, p. 36, p. 39, p. 41, p. 42, p. 43, p. 46, p. 48, p. 51 (haut, bas), p. 52, p. 54, p. 57, p. 60, p. 64, p. 66, p. 68 (haut, bas), p. 73, p. 76, p. 78 (haut, bas), p. 81, p. 83, p. 86, p. 89, p. 90 (haut, bas), p. 93, p. 96, p. 97, p. 100 (haut, bas), p. 105, p. 108, p. 120, p. 122 (haut, bas), p. 125, p. 134, p. 136, p. 139, p. 144, p. 146, p. 150, p. 151, p. 154, p. 156, p. 161, p. 166, p. 169, p. 171 (haut, bas), p. 173, p. 174, p. 176, p. 181.
Mollard Maurice (Parc National de la Vanoise), p. 59, p. 104, p. 110, p. 132, p. 164, p. 165, p. 167.
Moulin Alfred (Parc National de la Vanoise), p. 99.
Pellizzari Patrice, p. 68 (haut).
Perrier Jacques (Parc National de la Vanoise), p. 131.
Revil Alain (Groupe Ornithologique Savoyard), p. 141, p. 143.
Skarka Emile (Fédération Rhône Alpes de Protection de la Nature), p. 26, p. 65, p. 85 (haut, bas), p. 87, p. 128, p. 155.
Tribot Laspierre D. (Parc National des Pyrénées Occidentales), p. 74.
Tournier Hubert (Groupe Ornithologique Savoyard), p. 58.

BP 177, 38008 Grenoble Cédex

ISBN 2 7234 0734 9

JEAN PIERRE MARTINOT

VERS LA VIE SAUVAGE

DES CASTORS DU RHONE AUX BOUQUETINS DE LA VANOISE

Glénat

La richesse la plus belle mais aussi
la plus menacée est l'eau :
des glaciers aux fontaines,
en passant ici, au détour
de son périple,
par les Gorges du Chéran.

AVANT PROPOS

V*ers la vie sauvage* est plus une démarche, une « philosophie », qu'un véritable guide d'itinéraires qui conduirait le lecteur vers des localités précises où se blotissent des espèces animales particulières : une démarche conduite au cours de dix années de travail scientifique à la direction du Parc National de la Vanoise.

Sur les sentiers parcourus en Haute Maurienne et Haute Tarentaise, mais également dans d'autres districts naturels, j'ai eu le bonheur de « m'entretenir » avec bon nombre d'espèces animales, des plus prestigieuses comme l'Aigle royal ou le Bouquetin, aux plus « timides » comme le Lièvre variable ou la Musaraigne aquatique. Refusant les a priori qui frappent certaines espèces, je n'ai effectué aucun détour lorsque se sont présentées des bêtes « mal aimées » comme le Sanglier, les Chauves-Souris ou la Vipère aspic.

Ce sont bien sûr ces rencontres et les secrets qu'ont accepté de me confier ces animaux sauvages que j'ai voulu partager ici, mais tout autant les heures d'amitié intense passées en compagnie des gardes du Parc, ainsi que les connaissances que m'ont transmis des collègues spécialistes de l'une ou l'autre espèce ; car ce livre veut être également un témoignage de reconnaissance à tous les naturalistes qui m'ont guidé et accompagné sur les traces de la Vie Sauvage.

Parce que je souhaite seulement communiquer ce que j'ai « vécu », le cadre géographique de l'ouvrage a été volontairement centré, pour ne pas dire restreint, au département de la Savoie où je suis né et où j'ai toujours résidé. Il convient d'ajouter, malgré cela, que ce département offre une palette de milieux particulièrement large — donc d'espèces diversifiées — depuis les lônes du Rhône et les grands lacs subalpins, jusqu'à la Grande Casse, sommet culminant de la Vanoise à 3855 m d'altitude. Certaines espèces disparues de chez nous, je pense particulièrement à l'Ours brun, sont néanmoins évoquées au travers de « rencontres » effectuées en dehors des Alpes, dans les Pyrénées ou même, en ce qui concerne l'Ours noir, au Canada.

Partant donc des milieux humides de plaine où la vie foisonne, nous progresserons en altitude, au fil des pages, vers la Vanoise, ses glaciers brillants et austères qui jouxtent le Grand-Paradis.

Un autre parti délibéré a été d'associer à chaque animal un cadre, un paysage, pour lui donner une âme, un « chez soi », avant tout parce qu'il est vain de vouloir connaître et protéger une espèce sans se soucier à part égale de son Environnement.
Chaque monographie, qu'il s'agisse de celle du Castor ou du Casse-noix, est donc précédée

d'un paysage : d'une Ile du Rhône ou d'un coin de Vanoise, où se fondent, souvenirs personnels, supports précis de la biologie de l'espèce, mais aussi menaces qui planent sur son intégrité.

Par ailleurs, ces paysages offrent, à l'occasion, le prétexte d'évoquer une technique d'étude particulière de la faune : capture de Bouquetins au fusil téléanesthésique, dissection de pelotes de « rejection » des rapaces nocturnes afin d'identifier les petits mammifères ; cette façon de procéder m'a paru moins austère que de rassembler ces techniques dans un chapitre spécialisé du genre : Matériel et Méthodes, de nos traditionnelles publications scientifiques.

En ce qui concerne le choix des « paysages » et des espèces, j'ai tenté de les répartir au travers des grands districts naturels qui composent la Savoie, ceux retenus dans l'Atlas Ornithologique Rhône Alpes : Rhône-Bourget, Bauges, Belledonne, Maurienne et Tarentaise.

Cependant, pour devancer les critiques de ceux qui me reprocheraient d'avoir inféodé la Chouette effraie à tel clocher, plutôt qu'au leur, j'avancerai que j'ai dû tenir compte d'opportunités telles que celle d'avoir justement ce jour là mon appareil photo, avec une pellicule, la Dame blanche, du dit lieu, ayant bien voulu se laisser croquer le portrait. De même, un certain empirisme a présidé au choix des espèces puisque toutes, et je ne parle que des vertébrés « supérieurs », n'ont pu être traitées dans cet ouvrage. Il en est certaines dont je regrette particulièrement l'absence parmi lesquelles — dans l'ordre systématique pour ne pas créer de jaloux — : le Hérisson, le Renard, le Blaireau, le Lynx, l'Ecureuil, le Cerf et le Chevreuil, pour ce qui concerne les Mammifères ; le Gypaète barbu, le Circaète Jean le Blanc et le Faucon pélerin pour ne citer que des rapaces dans le monde des oiseaux.

Le « hasard » des observations et des études a là encore guidé le choix, mais également la documentation dont je disposais puisque j'ai tenté, le plus souvent, de rassembler les thèses et articles scientifiques récents pour chaque espèce traitée. A ce propos, pour le lecteur qui aimerait « en savoir plus », un recueil des principales références bibliographiques utilisées est fourni en fin d'ouvrage.

Afin de préciser les critères de sélection des sites et des « personnages », je dois convenir qu'ils ne sont pas toujours aussi neutres que je le prétends ; quelques pages ou photographies se chargeront de révéler un penchant pour certains lieux ou espèces « à problème ». Les peuples heureux n'ont pas d'histoire, dit-on, il en est de même pour notre environnement et il faut parfois qu'il soit endommagé gravement ou qu'il risque de l'être pour que l'on mesure toute sa beauté et que l'on se préoccupe de le sauvegarder !

D'aucuns m'accuseront d'être « Pur et Dur » ou bien de vouloir protéger les Tétras-lyre plutôt que les montagnards ; je m'accommode assez bien de ces outrances là, mesurant chaque jour, au travers de la Vie Sauvage, combien sont puissantes et destructrices nos méthodes modernes d'aménagement. En Savoie, au cours de la dernière décennie, cela a été particulièrement sensible en plaine, avec l'assèchement des Marais, au nom de l'agriculture du Maïs et du Peuplier ou de l'épandage des ordures, mais également en montagne avec la frénésie d'extension des stations de sports d'hiver.

La richesse qui me paraît à la fois la plus belle et la plus menacée est l'Eau : des « glaciers aux fontaines », pour reprendre le thème d'un récent colloque. Gaspillé d'un côté, pollué de l'autre, ce bien de la nature le plus précieux sera l'une de nos plus grandes préoccupations de demain, car nous sommes actuellement incapables de le gérer convenablement. En continuité avec le livre sur les « Lacs de Savoie », j'ai souhaité que les chapitres consacrés au Lac du Bourget, au torrent de la Neuvachette soient à la fois des hymnes à la féerie de l'eau et des cris d'alarme pour son salut !

C'est cette préoccupation de la nature de demain qui est la motivation du présent ouvrage, tout autant que le désir de valoriser les connaissances les plus récentes sur l'écologie et le comportement de nos mammifères et de nos oiseaux. Il est vrai que, sans cela, il fallait être inconscient ou avoir peu de scrupules pour se lancer dans cette aventure derrière les œuvres irremplaçables de Robert Hainard ou de Paul Geroudet, de René-Pierre Bille ou de Marcel Couturier. Cette audace, je ne l'aurais pas eu sans les enseignements pratiques et philosophiques de Philippe Lebreton et de Hubert Tournier, sans l'apprentissage du terrain prodigué par mes amis du Parc National de la Vanoise : Claude Vion, Didier Jalabert, Henri Gonthier et tant d'autres... Je dois également à Michel Delmas et à mon beau-père, Jacques Buttin, de précieux conseils pour la forme et les corrections de mes manuscrits, qu'ils soient ici remerciés sincèrement.

A propos de la forme, à travers l'évocation des paysages et tout au long des monographies d'espèces, sans vouloir paraître pédant, je n'ai pas cherché à proscrire la totalité du vocabulaire spécifique au naturaliste ; cependant de façon à me faire pardonner cette facilité, j'ai tenté de regrouper dans un petit lexique scientifique et technique, placé en fin d'ouvrage, les principaux « barbarismes » de l'écologie.

Je ne voudrais pas oublier de dire que je n'aurais pas pu écrire ce livre sans la confiance et la latitude que m'ont accordées, Claude Pairaudeau, Directeur du Parc National de la Vanoise et mon professeur, Charles Degrange, ni le concours d'amis photographes comme Alain Revil, Maurice Mollard et Emile Skarka qui m'ont offert les clichés que je n'ai jamais réussi à prendre convenablement, malgré de nombreuses heures d'affût.

Je dois à Monique, mon épouse, le bonheur et la sérénité qui m'ont permis d'apporter à cet ouvrage, au-delà de son contenu scientifique, une touche de profonde sensibilité. Je lui dois également Eric et Géraldine, Jean et Sylvain à qui je dédie ces pages, ainsi qu'à tous les enfants de nos montagnes, afin que demain, eux aussi puissent connaitre la joie d'aller à la rencontre de la Vie Sauvage.

Voici le Hérisson,
l'emblème de la
Fédération Française des
Sociétés de Protection

SOMMAIRE

L'ILE DU RHÔNE

Tantôt boueux et grondant, tantôt vert et calme, le haut Rhône, dernier Fleuve sauvage de notre pays, respirait ainsi au rythme de la nature avec son cortège de milieux, ses lônes et ses îles.

Le canal de dérivation du Rhône, impeccable de rigidité dans sa digue de rochers.

Du Bûcher, nous descendions la rivière jusqu'à Yenne pour consulter le Grand Fleuve.

« Il est beau vert, s'il ne monte pas cette nuit, demain on en piquera peut-être un ! »

Après ce verdict, nous remontions le Flon, par petites étapes ; il y avait la halte au banc des Hotus, celle de la souche où tournaient les Souffies, la gouille aux Ombres Communs et tous les remous, racines, cavités des berges que défendaient les Farios.

La nuit qui suivait n'en finissait jamais de repousser cette aube de début octobre !

Alors, immanquablement nous « volions le départ », dégringolant en chaussettes, l'escalier grinçant. Cannes, musettes, cuissardes étaient jetées dans le coffre de la vieille 2 CV, que nous poussions, une centaine de mètres, pour ne pas trahir notre évasion.

En franchissant le grand pont métallique, nous sondions, au travers des brumes de surface, la cote du fleuve. Il était encore bas à en juger par l'étendue pâle des galets devant l'embouchure du Flon. En face de Nattages, le lône de « la Terre qui râfle » arborait la bonne teinte émeraude, celle qui met les Brochets en chasse.

Au bout de la ligne droite de marronniers, la bâtisse de Rochefort nous prédisait la proximité de notre Ile. Nous franchissions, dans un saut amorti, le pont du Seran, sans même accorder un regard à cette rivière, notre cœur étant trop accaparé par l'esprit du Grand Fleuve.

Au bout du verger planté de pommiers, la véritable aventure commençait : comme tout trésor, notre île était bien gardée. Il y avait lieu tout d'abord de franchir une première lône. En étiage, la vase de celle-ci délivrait de grosses perles de mollusques : des Anodontes. Elle trahissait parfois des pieds de Sangliers et de Chevreuils qui tentaient eux aussi le voyage. Le deuxième gage consistait à traverser, soit d'immenses ronciers tout entiers consacrés à digérer des arbres abattus, soit une jungle d'Impatiences de l'Himalaya hautes de trois mètres et dont les cannes creuses, brisées sous le pas, dégageaient une odeur exotique et enivrante ; nous avions une prédilection pour ce châtiment là !

Venait enfin la lône profonde et rapide que seul un tronc secret, sapé par le courant, permettait de franchir jusqu'en son milieu. Là était la vraie sélection, car le seul débit du bras tolérait ensuite ou non de traverser à gué la seconde partie. Il nous arrivait de sauter coûte que coûte : immédiatement une trombe d'eau glacée s'engouffrait dans nos cuissardes. Restait alors à lutter contre le courant pour atteindre l'autre berge et à ne pas trop penser au retour.

Trempés ou non, nous avions atteint l'île promise et avec elle, une panoplie inépuisable de décors et d'aventures. Il y avait, bien sûr, prétexte à toutes sortes de pêches, chacune ayant son objet, son mode et son cadre précis : celle du goujon pour la friture ou le vif, le long des bancs de sable, celle au lancer léger pour les perchettes, au raz des Phragmites, celle à la plombée, tirée à la confluence du courant du lit principal et des eaux dormantes de la lône, son grelot avait pour mission de dénoncer la gourmandise de poissons aussi diversifiés que : Gardons, Brêmes, Barbeaux, parfois même Anguilles.

Nous gardions jalousement pour l'heure qui suivait le coucher du soleil nos cuillers argentées, afin de défier les Brochets à l'affût sous les souches noyées. Rares étaient les fins d'après-midi sans que les secousses de ces poissons-tigres ne viennent nous faire tout entiers tressaillir. C'étaient eux, le plus souvent, qui restaient cependant maîtres des lieux, tant leurs antres étaient gardés par des frises de branches mortes. Cette joute crépusculaire s'achevait lorsque les Hotus se mettaient à faire les Dauphins. Victorieux ou non, nous nous asseyions alors pour contempler leurs farandoles, leur museau plat fendait la surface de l'eau, suivi de leur dos, puis enfin de leur queue tout entière avant de s'enfoncer à nouveau dans l'onde qui prenait à cette heure des tons de cuivre.

Plus pacifiques étaient nos minutieuses explorations de l'île à la recherche, dans les sections de berges abruptes et sableuses, d'une colonie d'Hirondelles de rivage ou de la retraite du Martin pêcheur, notre oiseau favori. Quel délice de voir en un éclair ce bolide marine et or se précipiter dans l'eau, puis en rejaillir dans une gerbe d'écume, un fretin au bec. Quelle joie aussi lorsque nous découvrîmes le bouquet de grands arbres qui abritait les nids des Hérons cendrés ; leurs vols lourds et palmés enchantaient nos regards.

Un galet de marbre zébré, une branche au profil grimaçant, autant de fétiches pieusement collectionnés qui nous permettaient d'emporter avec nous un peu du bonheur de l'Ile.

Tantôt boueux et grondant, tantôt vert et calme, le haut Rhône, dernier Fleuve sauvage de notre pays, respirait ainsi au rythme de la nature avec son cortège de milieux, ses lônes et ses îles...

Un jour, des petits piquets jaunes sont venus jalonner cet univers, précédant de peu une formidable cohorte d'engins mécaniques et de camions. Il a fallu à cette armée de blindés trois années seulement pour tuer le Fleuve millénaire.

Aujourd'hui, au bout du verger de Rochefort, a poussé une longue digue bien droite et bien propre : plus de lônes, plus de ronces, plus d'arbres morts, plus d'Ile non plus !

Ce matin, à travers les barreaux métalliques d'un pont moderne, mes enfants, Géraldine et Eric, Sylvain et Jean, contemplent le canal de dérivation, impeccable de rigidité dans sa digue de rochers. Je guette leurs moindres sentiments, mais ils ne peuvent éprouver la même nostalgie que moi, car ils n'ont pas connu le Haut-Rhône, avant son incarcération, au temps de sa sauvage grandeur !

J'hésite longuement à leur décrire ce qu'ils ont à jamais perdu, à me lancer dans les motifs qui ont conduit la Compagnie Nationale du Rhône à mater ce géant impétueux : comment leur faire admettre les raisons énergétiques, puisqu'à l'heure actuelle, nous disposons de trop d'électricité — le doublement escompté de la consommation tous les dix ans n'ayant pas été atteint — ; guère plus crédible, la navigabilité, puisque là où existe un réseau important de canaux, comme dans le Sud Ouest, ce moyen de transport, concurrencé par l'asphalte, est en pleine décrépitude ; dompter les crues, cela est sans doute plus tangible, mais pas sans « résonance » sur la pérénnité des zones humides limitrophes ...

Il faudrait expliquer aussi que, dans l'ancien lit du Rhône, les apports polluants, agricoles et industriels, se trouvent maintenant fortement concentrés du fait de la réduction de débits, que ce même lit est en train de s'envaser, devenant de rivière à Truites et à Ombres, rivière à Cyprins et à Perches.

Bien sûr, le tableau n'est pas totalement noir, il existe bien quelques « compensations » écologiques à ces aménagements, puisque les retenues artificielles vont favoriser l'hivernage de nombreuses espèces de Canards, et puis l'édification de base de loisirs, aux abords de ces plans d'eau, n'est-ce pas un attrait touristique supplémentaire, auquel on ne peut rester électoralement insensible !

Ce que l'on peut redouter finalement, comme raison véritable au détournement du Rhône, c'est qu'après avoir achevé l'équipement aval du Fleuve, au Sud de Lyon, il soit indispensable que la Compagnie, avec son « pool » d'ingénieurs et de techniciens, son parc d'engins, poursuive son œuvre, tout simplement. Demain, lorsque le Rhône sera entièrement à genoux, on trouvera probablement de bonnes raisons pour « redresser » cette fois-ci, la Loire.

Je reconnais que, face à toutes ces questions, ces incertitudes, ces incohérences, je n'eus pas la force nécessaire pour entamer le débat ; d'ailleurs, pour me tirer d'affaire, me vint l'idée, sans doute plus positive, de conduire les enfants découvrir, tout près d'ici, les résultats obtenus par d'autres hommes, qui, dans le même temps, se sont acharnés à réintroduire une espèce disparue de chez nous : le Castor !

Le castor

Longtemps, le Castor est demeuré dans mon esprit une sorte de fétiche vivant qui, dans un pays lointain comme le Québec, réalisait le trait d'union intime entre le "bois" : les immenses et impénétrables forêts d'Epinettes et l'eau : les innombrables lacs sombres et poissonneux.

Au travers de leurs livres, mes enfants ont, eux, reçu une image différente, moins "bon sauvage", plus anthropocentrique, le style Ingénio-Castor, campé sur sa large queue écailleuse, un crayon au coin de l'oreille, un plan dans une main, désignant de l'autre on ne sait quelle Z.A.C. ou Z.A.D., constituée de huttes intégrées à acquérir en multipropriété !

Pour eux, comme pour moi, la nécessité s'imposait donc de replacer le Castor dans son véritable contexte ; j'entends là le Castor d'Europe, le Bièvre et non son cousin du Canada. C'est ainsi que nous partîmes à sa recherche sur les bords du Rhône, du moins de son ancien lit, car rien dans l'actuel canal de dérivation ne peut offrir le moindre accueil ou la moindre pitance à celui qui demeure le plus gros des rongeurs de notre faune européenne (l'adulte peut atteindre trente kilos).

La bête nous avait été signalée rôdant non loin de la frontière de la Haute-Savoie. C'est donc dans cette région que nous dirigeâmes nos investigations. Alors que nous progressions en suivant les berges sableuses d'un petit affluent, nos regards se portèrent de concert vers la plus spectaculaire de ses signatures : un gros arbre d'environ vingt-cinq centimètres de diamètre que l'animal avait taillé d'un côté, jusqu'au cœur, comme un gros crayon. Les enfants se précipitèrent pour examiner le travail. Au pied de l'arbre, de gros copeaux de sept à dix centimètres de long leur livrèrent les secrets du curieux ébéniste dont les ciseaux à bois ne sont autres que les incisives larges de quelque huit millimètres. Celles-ci, en trois ou quatre coups administrés de plus en plus profondément, arrachent tout autour de l'arbre, les fameux copeaux jusqu'à l'abattre. Ils découvrirent bien vite que cette technique n'était appliquée, en fait, que pour les arbres les plus gros, et que l'animal se contentait de ronger d'un seul côté, en sifflet, les arbustes dont le diamètre n'excédait pas cinq à six centimètres.

Ayant vite assimilé ces indices les plus spectaculaires, ceux que livrent les arbres abattus, ils se mirent en quête d'autres "traces" susceptibles de dévoiler plus avant les mœurs de l'animal. Ils n'osaient le dire, mais je les soupçonnais de vouloir trouver un barrage ou une hutte.

En arrivant à la confluence de la petite rivière et du grand fleuve, une autre page d'histoire naturelle les attendait. Ils découvrirent en effet, juste à côté de l'eau, un bâton du diamètre et de la longueur d'une grosse canne. Celle-ci avait été travaillée avec grand soin ou plus exactement pelée consciencieusement d'un bout à l'autre sur tout son pourtour. Ici encore, les traces de dents étaient bien "lisibles", chacune séparée par un ou deux millimètres de reste d'écorce plus foncé. Plus de doute, le Castor n'avait pas, tel un berger avec sa badine, sculpté la branche pour le seul goût de l'esthétique mais bien pour celui de la gourmandise. Outre, matériau de construction, le bois, du moins son écorce et les feuilles, offrent donc l'essentiel de la nourriture de ce rongeur amphibien.

Les prospections continuaient ; la boue argileuse d'un dessous de berge finit par livrer des empreintes déchiffrables : celles d'un pied postérieur de près de quinze centimètres de long sur dix centimètres de large, avec la palmure assez bien dessinée entre les cinq doigts, ainsi que l'image en négatif des pattes antérieures telles de petites mains avec seulement quatre doigts bien marqués.

Cependant la motivation des enfants commençait à s'émousser : Eric, l'aîné des garçons, essayait d'effectuer des ricochets sur l'eau, alors que les autres entamaient une partie de cache-cache. Nul doute qu'ils commençaient à réaliser l'impossibilité d'observer l'animal en plein jour, et que les chances de découvrir un barrage ou une belle hutte s'amenuisaient grandement !

Un petit incident allait relancer leur attention ; en effet, Sylvain appela à son secours, le sol venait de se dérober sous lui et il se débattait comme un petit animal pris au piège. Ce diablotin venait de passer malencontreusement un pied au travers d'une cheminée d'aération d'un terrier de Castor. Nous nous mîmes donc à réparer, le mieux possible, l'avarie de la galerie, puis j'en profitais pour leur expliquer qu'en fait, ceux qui étudient les Castors ont découvert que la plupart de ces animaux habitent dans des terriers et que les barrages et les huttes représentent des ouvrages destinés à compenser les déficiences tant de la qualité du terrain que du niveau de l'eau. Ainsi, il existait toutes les transitions entre : le terrier simple, cas rencontré ici avec seulement une accumula-

Au pied de l'arbre,
de gros copeaux
de sept à dix centimètres
de long livrent les secrets
du curieux ébéniste.

tion de branches pour protéger l'entrée sous l'eau, le terrier-hutte, et enfin la hutte véritable avec plan d'eau régularisé.

Finalement Géraldine, ayant remarqué que les indices d'activités que nous avions relevés paraissaient récents, demanda avec beaucoup d'à-propos si ce Castor habitait la région depuis longtemps et comment il était parvenu jusqu'ici. A la première partie de sa question, la réponse ne pouvait être que négative, car en Savoie comme dans la plupart des départements de France, à l'exception de ceux de la basse vallée du Rhône, sans que l'on sache trop pourquoi, le Castor avait été radicalement exterminé. Son extinction résultait, avant tout, de la chasse et du piégeage qui étaient pratiqués non seulement pour la vente de la fourrure aux chapeliers, mais aussi pour les vertus curatives, voire aphrodisiaques que l'on attribuait à ses sécrétions glandulaires, ainsi que pour la consommation de sa viande "autorisée" les jours maigres. Il fallait ajouter à ces causes directes la destruction généralisée de ses biotopes lors de l'aménagement des cours d'eau et de leurs abords immédiats. A la fin du XIXe siècle, la population résiduelle avait pu être estimée à moins de cent individus !

L'explication de la présence de ce Castor ne pouvait donc se trouver que dans la volonté de certaines personnes de restituer à la nature ce que d'autres lui avait arraché, en un mot le fait de Réintroduction. J'appris par la suite que la présence de ce, plus exactement de ces Castors, n'était pas le fait d'écologistes illuminés qui auraient lâché en cachette, une nuit, un couple de Bièvres, mais le fait du travail patiemment mené durant plusieurs années par le service Protection de la Nature de la Direction Départementale de l'Agriculture de la Haute-Savoie.

Ce ne sont en effet pas moins d'une soixantaine de Castors, provenant pour la plupart de la Drôme ou de l'Ardèche, qui ont été lâchés sur les sites les plus appropriés du département de la Haute-Savoie durant sept années consécutives.

Nos pionniers de Savoie proviendraient donc, en définitive, de la région des Usses ou du Fier, sans doute à la "faveur" de la vidange d'un barrage hydroélectrique, comme celui de Seyssel qui aurait "parachuté" ces vaillants colons quelques kilomètres en aval dans un torrent de boue !

On aurait tort de croire cependant que l'on peut reconstituer, sans quelques aléas, une population de Castors lorsqu'elle a été rayée d'une carte. Le choix des sites de lâchers est affaire de spécialistes, de plus certains individus peuvent errer quelque temps avant de s'implanter définitivement. Durant cette période de vagabondage, quelques-uns pourront être victimes d'accidents, sur les routes, dans des filets de pêche, écrasés lors de la vidange d'un barrage, sans compter ceux tués au fusil par intolérance ou simplement par bêtise.

On ne peut nier que le Castor nécessite le sacrifice de quelques arbres, en particulier de Saules, de Peupliers, de Noisetiers, plus rarement de Conifères. Cependant, en se gardant d'effectuer des plantations à moins de trente mètres d'une rivière à Castors ou en implantant, si besoin est, un grillage d'un mètre de haut, le long d'un boisement à préserver, on évite tout désagrément. D'ailleurs notre société d'emballages perdus... ne peut-elle pas s'offrir le luxe de sacrifier quelques stères de bois à l'un des plus sympathiques animaux qu'elle a bien failli exterminer sans retour ?

Ci-contre, en haut : les traces de dents sont bien "lisibles", chacune séparée par un ou deux millimètres de reste d'écorce plus foncé.

Ci-contre en bas : le castor taille des arbres, jusqu'au cœur, comme de gros crayons.

Les écorces tendres et les feuilles offrent l'essentiel de la nourriture du Castor.

Le Martin-pêcheur

Le Martin-pêcheur, baptisé à juste titre ''Kingfisher'' par nos collègues d'outre Manche, n'est autre qu'un petit oiseau souverain richement paré d'or et de ciel, sa coquetterie lui vaut également un collier d'hermine.

On n'inventerait rien en déclarant que son royaume s'étend sur des rivières, des lacs et même sur certaines embouchures de fleuves. Oui mais voilà, comme tout seigneur, Martin a ses exigences. Il ne convient point que l'eau soit trop rapide et trop froide, point qu'elle gèle en hiver, sinon plus de pêche nourricière. Ceci suffit à le bannir du domaine montagnard et de ce fait, en Savoie, outre quelques individus de passage lors de migrations, il semble exclu des massifs des Bauges et du Beaufortin et même des vallées de la Maurienne et de la Tarentaise. Si l'on ajoute que les eaux turbides et celles qui sont polluées ne lui conviennent pas non plus et qu'il est, de surcroît, nécessaire que les rivières et les plans d'eau qu'il occupe présentent des berges abruptes et suffisamment meubles pour pouvoir creuser un nid-tunnel, il ne lui reste en fait comme contrée favorable que la vallée du Grésivaudan et le bassin du Rhône-Bourget.

Ce furent donc les lônes du Rhône qui, parce qu'elles offraient à la fois le gîte (berges sableuses) et le couvert (abondance d'alevins), étaient les meilleurs biotopes à Martin-pêcheur du département. Aujourd'hui, du fait du détournement du fleuve, les lônes sont asséchées et envahies de végétation. Le canal de dérivation et les retenues avec leurs digues en enrochements interdisent la nidification. Quant à l'ancien lit du Rhône, ce ne sont pas ses berges de galets qui peuvent lui convenir.

C'est pourquoi, pauvre Martin, pauvre Pêcheur a dû partir nicher ailleurs : rien de brutal, rien de spectaculaire comme le nid du Cygne tuberculé dont on s'est beaucoup ému quand la retenue de Belley s'est remplie d'eau... On percevra de moins en moins souvent sa double note aïgue et sifflée, jetée en remontant le courant et précédant de peu, le petit bolide éclatant : quelle importance...!

Le Martin-pêcheur
richement paré d'or
et de ciel,
avec son collier
d'hermine.

LE MARAIS DE CHAUTAGNE

Les plantations de Peupliers offrent une diversité d'oiseaux où se juxtaposent des espèces liées aux milieux humides d'origine et des espèces forestières inféodées aux différentes strates de végétation.

Un système savant de canaux, de drains et de collecteurs géométriques.

Au cours de mes recherches sur les lacs de haute altitude, dans le Parc National de la Vanoise, j'ai eu l'occasion d'apprendre que, si les plans d'eau originels, — encore en relation directe avec les glaciers — comme celui de l'Arpont, sont « clairement » délimités : inscrits entre séracs turquoises, moraines timidement colonisées de Renoncules des glaciers et roches striées et polies, lorsque l'on s'écarte de ce stade « primitif », dans les vallons plus favorablement exposés ou plus bas, on constate que la transition brutale, entre eau libre et substrat, tend de plus en plus à s'estomper.

Ainsi, il suffit de se rendre au lac Blanc de Termignon ou, en chemin, d'observer le lac du Lait, pour constater qu'inexorablement, au cours des siècles, les plantes aquatiques « rongent » la masse d'eau en l'encerclant de leurs rhizomes. Une armée de Sphaignes élastiques, de Carex et de Joncs se propage sur les rives ; sur les hauts fonds, les Potamots vrillent leur tiges et les Sparganiums tissent leurs rubans ; centimètre après centimètre, le lac se transforme en mare puis en tourbière. En vieillissant, le nombre d'espèces d'algues et de crustacés augmente, le lac devient de plus en plus « riche » au fur et à mesure que sa mort millénaire se rapproche, et ses frontières deviennent de plus en plus « incertaines ».

Point d'injustice, nul ne peut être épargné par la marche des racines, l'asphyxie de la vase ! Nos grands plans d'eau subalpins : d'Annecy, du Bourget, d'Aiguebelette, sont eux aussi la proie de l'eutrophisation ; ils auront pour seul sursis, leurs dimensions qui retarderont de quelques milliers d'années leur atterrissement total.

Si, en altitude, les marais-tourbières périphériques sont à la mesure des pièces d'eau, en plaine, les zones humides étaient, elles aussi, proportionnées aux grandes cuvettes lacustres, certaines pouvant atteindre plusieurs kilomètres carrés. La plus belle, la plus grande, la plus complexe sans doute, était celle qui s'étendait au Nord du lac du Bourget, sous l'œil vigilant du donjon de Châtillon : la Chautagne.

S'il convient de parler au passé, ce n'est pas tant du fait des processus d'évolution et de comblement évoqués mais des « difficultés » qu'éprouve l'espèce humaine à tolérer des milieux sauvages dont la complexité, la richesse naturelle — pas toujours commerciale — dépassent son goût quotidien du rationalisme.

Il faut ajouter par ailleurs, à la charge de la zone accusée, une aptitude, pour ne pas dire un penchant prononcé, à procurer asile à de nombreuses espèces vulnérantes de moustiques, comme les Anophèles et les Aèdes.

Point n'était donc besoin de mobiles supplémentaires pour condamner la plupart des zones humides de Savoie et une grande partie de la Chautagne, en particulier, au châtiment du drainage.

Cependant, avant d'être qualifié de rétrograde, je dois m'empresser d'ajouter qu'il reste, à l'heure actuelle, au Nord du lac du Bourget, des secteurs témoins de la richesse biologique que présentait ce marais, il y a un demi-siècle à peine. J'irais même jusqu'à dire, qu'en fonction de leurs différents stades de croissance, les plantations de Peupliers, qui ont été, à partir de 1936, le mobile, pour les Eaux et Forêts d'élaborer un savant système de canaux, de drains et de collecteurs géométriques, offrent une diversité intéressante d'oiseaux où se juxtaposent des espèces liées aux milieux humides d'origine et des espèces forestières inféodées aux différentes strates de végétation.

Ainsi donc, avant d'aller errer dans le marais de Chautagne proprement dit, décidais-je, avec Fabrice mon neveu, de me « recueillir » dans l'une des Peupleraies du Vernay, aux troncs alignés comme des piliers de cathédrale de plus de 25 m de haut.

Tout comme le canal que nous suivions, tiré au cordeau, le chemin paraissait ne jamais devoir s'interrompre avec sa haie d'honneur de Peupliers trentenaires.

Le Courlis cendré niche, à même le sol,
dans les prairies humides.

Cette monotonie du paysage, adoucie par le vert tendre du jeune feuillage, était néanmoins très propice à l'écoute attentive du concert matinal des oiseaux.

Tout près de nous, dans un des bosquets de Saules cendrés qui borde le talus du canal, un Rossignol se mit à chanter à « tue-bec », pour nous charmer et « s'excuser », sans doute, de son habit trop terne. Un peu plus loin, au-dessus de nos têtes, un Loriot jaune fluorescent s'enfuit en lançant son « p'titlolio » sympathique. Au total, une trentaine d'espèces musiciennes composait cet orchestre bénévole et, parmi elles, le Coucou, le tout petit Troglodyte et la Fauvette à tête noire, semblaient le mieux émerger des chœurs des Turdidés.

Un grand Héron cendré, perturbé dans sa pêche à l'affût, s'éleva avec lenteur et majesté du bief, c'était le premier que Fabrice observait de si près ; il en fut tout émerveillé.

Une Buse variable se glissa silencieusement entre les mâts démesurés tandis que, dans un autre bief distant d'une trentaine de mètres, sur la droite, trois ou quatre Grenouilles vertes, fêtaient leurs amours, à grand renfort de coassements rieurs. Fabrice voulut que nous nous approchions, le parterre de ronces et de Verges-d'or n'étant pas encore trop dissuasif ; mais, parvenus à proximité, une Couleuvre à collier, de taille respectable, nous partit sous les pieds, elle se glissa jusqu'à l'eau, interrompant brutalement la noce des batraciens.

En dehors de la période des pariades,
la Gorge-bleue est plutôt furtive et discrète.

Je profitais de cet incident pour changer de parcelle et gagner une plantation où les arbres, de trois à quatre ans, étaient beaucoup plus modestes mais toujours alignés entre les canaux avec la même rectitude.

Ce qui m'attirait là, en fait, c'était la recherche de ce petit passereau rarissime qu'est, chez nous, la Gorgebleue. La veille, j'avais attentivement relu les renseignements fournis, dans sa thèse, par mon ami Hubert Tournier, au sujet de cette espèce qu'il avait découverte, ici, voici une quinzaine d'années déjà.

J'avais appris, qu'en dehors de la période des parades, durant laquelle les mâles chanteurs s'élancent de la cime des arbustes bordant les canaux ou, à défaut, des branches basses des Peupliers, afin d'accomplir leurs vols nuptiaux « en parachute », la Gorgebleue est plutôt furtive et discrète. Il me faudrait donc compter sur son chant, bien que l'oiseau possède plus d'un couplet dans son répertoire de comptine, car, au même titre que la Rousserole verderolle, c'est un imitateur de grand talent, capable de mimer à la perfection n'importe quelle espèce des environs, depuis le Bruant des roseaux jusqu'au Courlis, en passant par la cane de Colvert. Bien à propos, Hubert m'avait alerté sur le fait que la Gorgebleue pouvait imiter, à l'occasion, le Grillon et c'est finalement grâce au chant de cet « intrus » que je pus, alors que je commençais à désespérer, immobiliser un cours instant, dans le champ de mes jumelles, ce joyau à la gorge marine rehaussée d'un nuage pur.

Ce fut une véritable joie de constater que ce petit passereau qui, jadis, avant que ne sévissent les aménagements, occupait les bords du Rhône, ait pu trouver, dans cet univers de canaux « jardinés », un ultime refuge.

Malheureusement, la féerie fut de courte durée ; juste de l'autre côté de ce canal, un, deux puis trois énormes tracteurs se mirent en marche, progressant de front avec leur profonde charrue, afin de défoncer, en vagues de tourbe noire, une parcelle de plusieurs dizaines d'hectares. Beaucoup plus radicale que la mort par le Peuplier, celle par le Maïs fondait sur le marais. Seules quelques Corneilles noires, profitant de l'aubaine, assuraient une procession derrière ces « corbillards ». Hormis ces Corvidés et les Sangliers, dont il faudra ensuite lourdement indemniser les dégats, aucune autre espèce végétale ou animale ne pourra trouver de salut, à l'ombre des grands épis dorés.

Afin de nous consoler, avec Fabrice, nous avons quitté les lieux pour nous rendre dans l'ultime bastion sauvage du marais : les Prés Crottis, retranchés entre la route de Portout, le Canal de Savières et la ligne du chemin de fer. Dans ce triangle, à l'inverse de ce que l'on venait de constater, les activités agricoles traditionnelles, telles que la fauche de la « blache » ou la « vaine pature », avaient non seulement permis de conserver une palette de milieux diversifiés, depuis les formations aquatiques à Phragmites, jusqu'aux prairies hygrophiles, mais contribué à « freiner » localement le processus naturel d'évolution du marais, de fermeture par les boisements humides à Aulne glutineux, Saule cendré et Bourdaine.

Guidés par leurs étranges aboiements liquides, nous n'avons eu guère de mérite, une fois parvenus dans ce secteur, à localiser une grande prairie que plusieurs couples de Courlis cendrés se partageaient équitablement.

De façon à éviter de les perturber et, à mieux les observer également, j'invitais Fabrice à s'allonger à mes côtés sous le couvert d'un bosquet sphérique de Saules. Les regards tendus, au ras de cette savane miniature de Choins noircissants, nous avons fini, tous les deux, par perdre la notion du temps et de l'espace. Les silhouettes insolites des Courlis, qui apparaissaient et disparaissaient, avec leur sabre démesuré, nous entrainaient, peu à peu, dans un rêve africain peuplé d'Ibis.

Par intermittence, ici ou là, un Courlis s'élevait en battant des ailes, encouragé par son propre chant de plus en plus accéléré ; il retombait ensuite, en planant, jusqu'à se dissoudre à nouveau dans l'étrange décor fauve.

Tout proche de nous, une Locustelle tachetée se mit à égrainer sa trille interminable de sauterelle. Nous nous imaginions retourner à l'âge d'or du marais ; un Busard Saint-Martin vint d'ailleurs contribuer à cette « euphorie », en explorant méthodiquement la frange de Phragmites qui, du côté du canal de Savière, nous fermait l'horizon.

La base blanche de sa queue nous facilitait la tâche de la suivre dans son parcours papillonnant à la surface de la végétation. Il fondit au sol finalement en quête d'une proie dont on ne put relever l'identité : un micromammifère sans doute !

Une vie venait d'être arrachée au profit d'une autre ; illustration belle et « cruelle » de la chaîne alimentaire.

A peu de distance de là, dans la baie de Portout, j'imaginais les Foulques en train de se disputer pour édifier leur nid flottant dans les meilleurs territoires. Dans quelques semaines, leurs poussins maquillés de rouge viendraient participer eux aussi à la vie foisonnante du marais, charnière complexe entre le lac du Bourget et le Rhône, paradis des derniers Râles de genêts et de la Tortue boueuse, héritée d'une autre ère.

Grâce aux efforts opiniâtres de certains naturalistes et à la compréhension d'administrations, une partie du Marais de Lavours qui prolonge celui de Chautagne, en rive droite du Rhône, dans le département de l'Ain, a pu être classé en Réserve Naturelle à partir de 1983.

Il n'en est, malheureusement, pas de même chez nous, en Chautagne, malgré la constitution, depuis plusieurs années, d'un important dossier, afin de tenter de sauvegarder ce qui reste de plus sauvage dans ce marais.

Dissimulé parmi une abondante végétation aquatique, le nid flottant de la Foulque.

Comme des flammèches de soufre, les Iris jaunes égayent le bord des canaux.

Chaque année, et bien que la rentabilité économique, à court terme, de la « pâte à papier » soit controversée, la culture du Peuplier se poursuit à grands coups de drains ! Celle du Maïs, encouragée, elle, à coups de subventions, progresse infiniment plus vite que le souci de sauvegarder les dernières richesses biologiques de notre plus belle zone humide de Savoie.

Ailleurs dans le département, le sort des marais, malgré la maîtrise de la démoustication, n'est guère plus enviable. Ici, au Viviers du Lac, des dizaines d'hectares ont été « mangés » en quelques années, enfouis sous des tonnes de déchets non traités, là, aux bords des lacs d'Aiguebelette et de Chevelu, ce sont les infrastructures des campings qui rongent comme des vers, les roselières.

Cependant, il n'est peut-être pas trop tard pour localement essayer de tirer parti des modes d'utilisation plus « doux » et plus respectueux de la diversité biologique des zones humides, tels qu'ils se pratiquent aujourd'hui encore dans les pays anglo-saxons. En effet, ne nécessitant pas les investissements lourds que requièrent les cultures du Peuplier et du Maïs, l'élevage extensif de race domestique appropriée telle que la « Highland-Cattle » permet, outre une « utilisation rationnelle » de la nature, le maintien de formations herbacées humides indispensables à des espèces aussi prestigieuses que le Courlis cendré, le Vanneau huppé ou le Râle de Genêts.

Le sanglier

Le rendez-vous avait été fixé à 13 heures, aussi, pour être ponctuel, je réclamai à mon véhicule de service quelques efforts supplémentaires sur la piste qui borde le canal de dérivation du Rhône, ce qui souleva d'abondantes volutes de poussière. Une troupe en effervescence était déjà sur le pied de guerre : des uniformes donnaient quelques ordres ou contre-ordres, des chiens, séquestrés dans des caisses grillagées, aboyaient d'impatience...

Je réussis néanmoins à localiser Didier qui essayait avec beaucoup de bonne volonté de planifier au mieux l'opération. Il m'octroya un poste d'affût non loin du centre des Iles de la Malourdie ; Michel et Pierre-Jean, quant à eux, devaient assurer la surveillance du point suivant, juste au-delà du bras mort.

Sans plus tarder, guidé pour mon plan, je me dirigeai vers le lieu désigné ; cependant, avant d'avoir pu l'atteindre, je fus rejoint, puis doublé, par un équipage composé de deux chiens courants, suivis de peu par un conducteur qui les encourageait de la voix.

Surpris, pour ne pas dire déçu, je faisais le guet malgré tout depuis mon poste, pendant plus d'une heure, dans la perspective peu vraisemblable d'apercevoir un Sanglier. A l'autre extrémité de l'île, j'entendais distinctement ''mener'' les chiens ; la battue se poursuivait avec entrain.

J'entrevis bien un Chevreuil qui, en quelques bonds, s'enfuit du côté du Grand-Fleuve, mais de Sanglier, d'ici je n'en vis ni la hure, ni le groin !

Ne souhaitant plus attendre en vain, je finis par abandonner mon observatoire pour rejoindre un groupe de gardes et de chasseurs qui s'entretenaient en bordure d'une allée proche : ''Il aurait fallu tirer des coups de fusil en l'air ou au moins des pétards, les Gros ne sortiront jamais, ils tournent dans le bois.'' Une ''menée'' de chiens finit par s'approcher : ''Ils ne sont plus très loin, il y en a plusieurs cette fois.''

La posture de tétée adoptée par la Laie pour offrir ses deux rangées de mamelles à tous ces petits groins affamés.

Nos regards se portèrent de concert vers l'allée ; effectivement un ''Cochon'', un jeune, traversa en trombe, mais bientôt les chiens débouchèrent eux aussi : ''Les autres ont fait demi-tour, c'est impossible de les compter.''

Cette remarque d'un homme du terroir était de bon sens car, malgré son envergure, cette ''grande manœuvre'' ainsi que celle entreprise le dimanche suivant, furent inefficaces pour dénombrer convenablement les Sangliers présents dans les Iles de la Malourdie et même pour les déloger. Somme toute, elles avaient eu le mérite de montrer que gardes-chasse, chasseurs et naturalistes ne sont pas indifférents au problème soulevé par la présence de cette population de Sangliers cantonnés à proximité d'une zone agricole. Cependant, la majorité de ces mêmes personnes s'accorde à penser que la ''tuerie'' pratiquée l'année précédente, au même lieu, n'était pas un remède décent, ni même susceptible d'éviter durablement les dégâts occasionnés aux cultures de maïs de Chautagne.

A ce propos, il convient de ne pas minimiser ces dommages puisque, d'une part, ils ne sont pas spécifiques à la région mais concernent l'ensemble

des départements de notre pays, notamment ceux du Nord-Bassin Parisien et de l'Est, et que d'autre part les "Cochons Sauvages", à eux seuls, sont responsables de 70 à 85 % des dégâts aux cultures, indemnisés par l'Office National de la Chasse, les autres étant imputables aux Cervidés. Pour le seul département de la Savoie, la note de frais en 1985 s'est élevée à quelque un million de francs. En tout état de cause, les pertes de production enregistrées au plan national représentent environ 1 % du maïs fourrager et 1,3 % du maïs-grain, mais il n'en demeure pas moins que, localement, et c'est le cas en Chautagne, le manque à gagner peut être important.

Cependant, avant de rechercher des modalités de défense des cultures, revenons à nos "Cochons", et malgré notre incapacité à les dénombrer en pleine nature, il nous reste la possibilité d'analyser l'évolution des tableaux de chasse qui reflètent, à grande échelle, l'état des populations. Ainsi, au cours de la dernière décennie, entre 1974 et 1984, le nombre de Sangliers tués à la chasse, dans notre pays, a évolué de quarante à soixante mille individus par an, ce qui montre, d'une façon qu'il convient de moduler par région, le dynamisme de cette espèce.

Gibier de "Poigne" pour les uns, Bête Noire de l'agriculture pour les autres, le Sanglier semble se réduire, à en juger par les quotidiens qui, régulièrement, nous tiennent informés des passions que déclenche ce pachyderme, à ces deux "attraits" socio-économiques...

Fort heureusement, il est certains naturalistes qui, non sans liaison avec la "gestion" de cet animal, s'attachent à mieux comprendre sa biologie et son comportement social : c'est le cas, en particulier, de Maryse Dardaillon en Camargue, et de Pierre Teillaud dans la réserve de Chizé à partir de sujets sauvages ou tenus en enclos.

Ainsi, faisant fi des a priori, des légendes, voire des colères, ces deux chercheurs ont commencé par dresser un dictionnaire des faits et gestes de la vie crépusculaire et nocturne des Sangliers adultes et de leurs Marcassins, grâce à de multiples heures d'observations effectuées, à partir de miradors, avec l'aide de jumelles munies d'amplificateur de lumière.

C'est avec curiosité, tout d'abord, puis très vite avec passion, grâce aux croquis et au texte de ce catalogue, que l'on pénètre peu à peu les secrets de la harde : les techniques d'alimentation des Sangliers

qui fouissent le sol de leur boutoir ou tiennent avec la patte un épi de maïs à consommer ; les modes de déplacement, comme la marche en "file indienne", qui respecte exactement la trace de l'animal qui précède, celui de tête étant généralement la plus âgée des femelles du groupe ; les jeux poursuites des Marcassins à partir de leur deuxième semaine, la façon de galoper face à un danger réel ou potentiel, de sauter un canal ou de nager avec aisance en maintenant les narines au-dessus de la surface de l'eau...

Lorsque sont analysés ensuite les divers comportements qui régissent la vie sociale du groupe, on mesure toute l'étendue des préjugés que l'on pouvait avoir concernant le psychisme de cette "brute sombre" qui sait parfaitement intimider un congénère en relevant, par exemple, le groin et en entrouvrant la gueule ou bien contrôler la nourriture en tenant les prétendants à distance !

Les rapports mère-jeunes deviennent véritablement attachants lorsque l'on aborde les modalités de reconnaissance des Marcassins, au cours de la semaine qui suit les naissances, par contact "nez à nez", ou quand on observe la posture de tétée adoptée par la Laie pour offrir ses deux rangées de mamelles à tous ces petits groins affamés. Alertée, la femelle sait courageusement se tourner debout, face au danger, en émettant des "soufflements rauques", posture que sa progéniture rayée met à profit pour se dissimuler sous ses flancs.

Au niveau de la stratégie alimentaire, ces études ont pu montrer que, durant la période crépusculaire, les Sangliers passent plus de la moitié de leur temps à la recherche de la nourriture ; durant les deux premières semaines de leur vie, les Marcassins ont une alimentation exclusivement lactée, cependant ils réalisent déjà fréquemment des actes plus volontaires, comme ceux qui consistent à tirer sur des herbes, considérées comme un apprentissage du comportement alimentaire. Au cours des quarante-huit heures qui suivent la mise bas, les phénomènes d'adoption des jeunes "orphelins" sont relativement courants au sein des groupes matriarcaux de Sangliers.

Sans relater plus avant les résultats de ces études d'éthologie, il apparaît donc, au même titre que les autres Ongulés : Cerf, Chevreuil, Chamois, Bouquetin, qui recueillent plus aisément la sympathie du public, que le Sanglier occupe une place tout à fait originale dans notre patrimoine faunique et que vouloir son éradication, comme le souhaitent certaines personnes qui ne voient en lui que son caractère "nuisible", est une erreur grossière, ne serait-ce que parce que sa disparition reporterait une partie de la pression cynégétique sur des espèces dont le statut est beaucoup plus fragile.

L'augmentation des effectifs de Sanglier, que révèle, dans nombre de départements, la hausse des tableaux de chasse, est pour beaucoup imputable aux modifications des pratiques agricoles. L'assèchement d'un marais, qui constitue un habitat d'élection des Sangliers tout au long de l'année — ce milieu étant favorable à la réalisation de l'ensemble de leurs activités — tend à concentrer les sujets dans des secteurs refuges comme ceux offerts par les anciennes îles du Rhône. Corrélativement, l'extension de la culture du maïs sur ces zones marécageuses constitue, pour ces animaux omnivores, une provende de premier choix qui, à certaines époques de l'année, au moment des "Epis en lait", relève d'une sorte de "provocation irrésistible".

Sensibilisé, et pour cause, à ce problème, puisque c'est le seul organisme à en supporter les conséquences financières, l'Office National de la Chasse a, très sérieusement, étudié les moyens de protection des cultures vis-à-vis des Sangliers. Ces expérimentations, poursuivies en Haute-Marne en particulier, ont révélé que les répulsifs chimiques actuellement employés et les moyens de défense acoustique : détonations, émissions de cris de détresse de Sangliers, ne suffisent pas durablement à épargner les cultures. En définitive, la seule méthode réellement efficace est la pose de clôtures électriques de deux fils, à vingt et soixante-dix centimètres de hauteur, à condition que celles-ci soient convenablement entretenues. D'un prix d'amortissement et d'entretien de l'ordre de 800 F par an, pour une protection d'un hectare, cet investissement, sans être négligeable, paraît faible au regard du coût de creusement et d'entretien des canaux pratiqués pour l'assèchement des marais.

Classé animal nuisible dans beaucoup de départements, ce qui "justifie" des tirs de nuit et des battues dans les réserves... le Sanglier et ses "exactions" paraissent être, aujourd'hui, de la seule dépendance du monde cynégétique ! En fait, si dans le cas particulier de cette espèce, il apparaît souhaitable que la pression de chasse réduise localement ses effectifs, il n'en demeure pas mois que là où des modifications radicales de milieux et de pratiques culturales ont "profité" au Sanglier, la prise en compte de mesures de protection, comme la pose de clôtures électriques, devrait être partagée également par les responsables de ces bouleversements écologiques.

La Laie identifie ses marcassins par contact "nez à nez".

LE LAC DU BOURGET

*Le long des berges
du Canal
de Savières.*

« J'ai aimé le Bourget comme si j'étais un poisson, pour sa riche prolifération, ses moments d'humeur, le froissement de ses Phragmites...» Du belvédère de Cessens, je contemplais la grande cuvette du Bourget s'éveiller parmi les brumes, tout en jouant à adapter l'une des jolies strophes de Robert Hainard, — celle à propos du marais* — au spectacle grandiose qui s'offrait à mes pieds.

Ce jeu anodin suffisait, cependant, à faire émerger quelques souvenirs perdus, tout en parcourant lentement des yeux la périphérie du lac :

— celui des petits cailloux lancés contre les volets métalliques de ma chambre, par mon ami Rageade, afin que l'on aille emprunter, de nuit, au Grand-Port, l'une des barques de « Tintin ». Idée saugrenue mais exaltante d'adolescents allant ramer sur le lac, en prenant pour cap la noire silhouette de la Dent du Chat.

— les parties de pêche, amarré au grand figuier du Meunier, à l'odeur envoûtante, pour moissonner à la « dandinette » les voraces perchettes rayées, ou, à la dérive, devant l'embouchure du Sierroz, pour taquiner, à l'aide d'un poisson mort, les anguilles taciturnes.

— revint aussi, la mémorable descente en patins à roulettes, depuis Saint-Pierre-de-Curtille, afin d'aller baguenauder le long des berges sauvages du Canal de Savières. Nous avions, en guise de trophée, attrappé, ce jour là, une jeune Couleuvre vipérine, mais Monsieur Verney, notre maître, n'avait pas, autant que nous, apprécié cette école buissonnière...

— la nuit blanche que mon père avait subie, parce que nous avions rapporté, avec mon frère Philippe, une Grenouille rieuse, capturée dans la baie de Grésine, pour la placer dans le bassin de notre jardin.

— les escalades, le long des troncs rugueux des Chênes pubescents, au-dessus d'Hautecombe, pour enquêter sur les brillants trésors que collectent, à l'aire, les couples de Milans noirs...

Né, à proximité de l'eau, avec des « rhizomes » qui s'accrochaient de plus en plus profondément aux beautés de ce site, il ne m'était pas venu à l'esprit, durant toute cette adolescence, que le lac du Bourget pût un jour être agressé !

Je me souviens pourtant que cette triste réalité m'a sauté brutalement aux yeux , un jour comme aujourd'hui, où je contemplais le lac d'un autre perchoir, depuis le sommet du Sire ; je découvris avec stupeur combien la saignée rectiligne de l'autoroute, qui s'enfuit vers le Nord, avait meurtri à jamais notre paysage.

Je réalisais aussi, bien que cela eût été effectué depuis plus longtemps, que l'aérodrome du Bourget avait « mangé » la majeure partie du marais qui s'étendait au Sud du lac.

Une fois alerté, je vis ronger, de-ci de-là, au fil des années, l'intégrité du plan d'eau et de ses alentours.

A Terre-Nue, dans le plus grand mépris de la réglementation, furent édifiés un port de plaisance et un camping ; là, en quelques années, disparut, sous nos « propres » immondices, le marais du Viviers ; plus tard, fut creusé le port de plaisance de Conjux au sein d'une belle roselière, et récemment ses abords furent aménagés dans le plus grand irrespect des lois.

Lorsque l'on prit conscience — pour raisons touristiques — de l'importance que finissaient par revêtir les pollutions organiques, chimiques et biologiques du lac du Bourget, du fait des rejets de l'agglomération Chambérienne et de ses zones industrielles en particulier, on ne commença pas par tenter de sauvegarder les dernières zones humides périphériques qui constituent de

* *« J'ai aimé le marais comme si j'étais un Canard, pour sa riche prolifération, ses fermentations, l'odeur âcre de la vase, celle de la Menthe et de la Reine des prés ».* Robert Hainard

bonnes « installations » de lagunage — c'est-à-dire d'autoépuration des éléments fertilisants — mais on élabora à grands frais, sous l'Epine, un collecteur afin de détourner les dits effluents, plus ou moins traités, dans le Rhône !

Intérêts particuliers d'un côté, enjeux touristiques de l'autre, on ne saisissait pas très bien comment le plus grand lac de notre pays pouvait être préservé de ce « mitage » croissant, de la dégradation constante de ses valeurs esthétiques et écologiques.

Certes, il existait bien des études de qualité qui tentaient d'alerter les pouvoirs publics, sur l'un ou l'autre aspect de ces nuisances, mais aucun rapport de synthèse, à l'échelle du plan d'eau, n'était disponible, pas plus que ne l'était une palette de mesures pour sa gestion et sa protection.

Il fallut attendre 1983, suite à l'annulation des Plans d'Occupation des Sols de certaines communes riveraines, pour que le Syndicat Intercommunal du lac du Bourget, « soucieux » d'intégrer ses préoccupations de protection de la nature aux nouveaux P.O.S., commandite une telle synthèse au Ministère de l'Environnement. Enfin, grâce aux crédits mobilisés par l'Etablissement Public Régional et à ceux de la Délégation à la qualité de la vie, le Centre d'Etudes Techniques de l'Equipement de Lyon, sous l'égide de Monique Chatain, allait pouvoir s'atteler à cette vaste diagnose, concernant l'Environnement du lac du Bourget !

Le dépouillement des données biologiques et « paysagères » existantes, l'approfondissement de certains aspects particuliers du bassin du Bourget, la présentation cartographique des zones sensibles et celle des propositions de gestion et d'acquisition foncières prirent une année au total, ce qui constitue un délai très raisonnable et, au demeurant, le minimun indispensable pour considérer convenablement un cycle biologique.

Le rapport final put être présenté, au début du mois de juillet 1984 ; malheureusement, témoignant sans doute du souci qu'avaient effectivement les élus locaux de l'Environnement de leurs communes, à cette date de présentation, la majeure partie des Plans d'Occupation des Sols concernés avait été rapidement révisée et beaucoup d'entre eux étaient en cours d'approbation ! Malgré ce contre temps, cette étude d'Environnement bien documentée, subsiste ; elle permet d'établir, en outre, l'inventaire des « conflits » entre projets d'urbanisme et vulnérabilité des secteurs naturels riverains du lac du Bourget. Grâce à elle, une sensibilisation, cas par cas, des municipalités peut être entreprise, ainsi que de l'Administration dans la mission de contrôle qu'elle doit exercer sur les intérêts « supracommunaux », l'application de lois comme celle qui concerne la Protection et l'Aménagement du littoral.

Pour ce qui me concerne, grâce à ce document, je voyais mieux maintenant, s'orchestrer les deux « mondes » naturels complémentaires, qui constituaient la toile de fond de mon enfance : celui tout en bas, en communion avec l'eau, qui se ramifie et se perd au cœur des roselières et des prairies humides, l'autre, sur les versants, inondés de soleil et curieusement accompagnés du crissement des Cigales.

Un soupçon de scrupules malgré tout m'envahit ; n'étais-je pas devenu, comme le chantait si bien G. Brassens « un imbécile heureux né quelque part » ? Cependant, non que cette idée me dérangeât, je fis taire ce complexe et pus admettre que ce paysage sublime, entre Mont du Chat et Mont du Revard, entre Mont de la Charve et Montagne de la Biolle, n'avait rien de vulgaire. Au contraire, « posséder » en un même sillon, des zones biologiques aussi remarquables que les marais de Chautagne et de Terre Nue, les roselières de Portout, Groisin, Mémard, et du domaine de Buttet, relevait de l'exception. La preuve en était d'ailleurs fournie par la très forte diversité des plantes hygrophiles et des oiseaux inféodés à ces milieux, au printemps, où tout un petit monde de passereaux vient profiter de ce paradis pour se reproduire, mais également durant l'hiver, où, en relation avec le lac, Canards, Cormorans et compagnie viennent en villégiature par centaines, .

Pour rehausser cela, du fait du micro climat doux, lié à la masse d'eau du Bourget, aux affleurements calcaires et aux pentes ensoleillées, des espèces méridionales de plantes et d'oiseaux viennent égayer de leurs parfums et de leurs chants des lieux aussi privilégiés que le Mollard de Châtillon ou les coteaux de Brison-Les-Oliviers.

A ce propos, je m'amusais à imaginer quelle avait dû être la surprise des premiers naturalistes venus explorer la région et découvrant ici, dans les Alpes du Nord, un Bruant fou, perché à la cime d'un Pistachier térébinthe ou d'un Osyris blanc, espèces à affinité on ne peut plus méditerranéenne !

Mais au delà de la simple « lecture » de ce paysage actuel, ce rapport démontre bien que les zones humides, tout comme les secteurs « méridionaux » du lac du Bourget, doivent une partie de leur originalité et de leur esthétique aux pratiques culturales traditionnelles telles que la fauche, ou ailleurs, la culture de petits arpents de vignes. Cependant, du fait de l'abandon progressif de ces pratiques, ces secteurs les plus remarquables risquent d'être voués à une colonisation spontanée par des arbres et arbustes qui fermeraient ces milieux, ou pis, en certains endroits, livrés à des plantations artificielles qui ne manqueront pas de nuire à l'unité du site !

En définitive, ce qui apparait de plus constructif et de plus prometteur dans cette étude d'Environnement de la périphérie du lac du Bourget, après l'examen des différentes possibilités réglementaires de gestion et de mise en protection des milieux sensibles, est l'établissement de propositions concrètes, adaptées à chacune des situations :

— acquisitions foncières par le Conservatoire du littoral du domaine de Buttet et du triangle de Terre-Nue pour ce qui concerne le Sud du lac et des Prés Crottis en Chautagne.

— prise d'Arrêtés de biotope pour préserver les principales roselières et scirpaies en période de nidification surtout...

Ainsi, après avoir mis en œuvre, à l'aide de moyens lourds, l'amélioration de la qualité des eaux, le Syndicat Intercommunal dispose-t-il aujourd'hui de ce guide de jardinage pour le cadre esthétique et biologique de son lac ! Sans doute sera-t-il plus sensible à la nécessité de sauvegarder ce site pour lui conserver son attrait touristique plutôt que sa valeur biologique intrinsèque ! Mais peu importe après tout, si chacun peut y trouver son compte et, en tout état de cause si peut être préservé et valorisé le cadre prestigieux du plus grand lac français.

Canards, Cormorans et Compagnie

« Une faim de loup », cela ne nécessite pas d'être sous-titré, pas plus qu'un « temps de cochon » par contre « un froid de canard », cela semble moins évident de prime-abord, et en aucune façon ne pouvoir s'appliquer partout.

Chez nous, cependant, en Savoie, cela peut « tenir sur ses pattes ». Je ne dis pas cela pour laisser entendre que c'est mieux ici, mais parce que nous avons la chance de posséder de grandes étendues d'eau qui, lorsque les rigueurs climatiques se font trop incisives, accueillent volontiers toutes espèces de « Canards » hivernants, plongeurs ou de surface, richement colorés ou de sombre habillés !

Encore ne suffisait-il pas de possèder ces grandes « mares », fallait-il aussi qu'elles offrent le « couvert » à ces Anatidés.

Nous avions franchi la mi-février de cet hiver 1986 qui ne cessait d'onduler en vagues de froid et de redoux. La semaine précédente avait vu mordre à nouveau la nature à pleines dents blanches et aiguës ; nous étions convenus, avec Hubert Tournier, qu'à la première occasion de beau-temps clair, nous irions au rendez-vous des Canards. Le premier vendredi de carême, le 21, l'occasion se présenta ; nous devions, donc, nous retrouver, d'assez bonne heure, dans le joli et discret petit port de Bourdeau pour « attaquer » le comptage du lac du Bourget.

A peine « débarqué », j'entamais le montage sur pied de la longue vue, mais fus distrait, dans cette tâche, par les cris d'un vol de Choucas, jaillis des tours du Château qui me dominait, pour houspiller un couple de Buses variables.

Sur ces entrefaites, Hubert arriva en jetant un regard de soulagement sur le lac : « de l'autre côté du tunnel du Chat, il y a du Farou, je craignais que ce soit plus agité que cela » !

Du port, vers le large, la perspective est assez restreinte, surtout vers le Sud, aussi le « balayage » fut-il assez rapide, d'autant qu'il y a rarement foule dans ce petit créneau, toutes choses égales d'ailleurs puisque je notais sous la dictée d'Hubert : deux cents Grèbes-huppés disséminés en pleine eau, comme autant de jouets flottants avec leur tête de Marionnette, deux canards Colvert et une dizaine de Foulques macroule dans leur livrée monastique.

De façon à bénéficier de la meilleure luminosité, nous avions décidé ensuite de contourner le lac par son extrémité Sud, les haltes suivantes furent donc logiquement consacrées aux rivages du Bourget du Lac. Cette fois, du fait de l'étendue dégagée mais aussi du nombre et de la diversité des espèces, le recensement s'annonçait d'une toute autre ampleur. Hubert, lui, ne se laissait ni distraire, ni impressionner, il entama derechef les décomptes. Attiré par je ne sais quelle manne immergée, j'observais, en premier lieu, une flottille de cinq Grèbes à cou-noir, partagée entre le souci de fuir au large et la provende qui la tenait proche du rivage. Lorsque l'un deux réapparaissait de sa plongée soudaine, comme une grosse bulle sombre, il semblait tout guilleret, mais peut-être était-ce seulement le fait de ses favoris roux qui tranchaient sur son col ébène !

Hubert me lança tout heureux, qu'il apercevait, assez loin au large, une concentration de quelque quatre cents Fuligules morillon ; je m'apprêtais à braquer ma lorgnette sur ce nouveau spectacle lorsque mon attention fut attirée par le curieux comportement d'un « Grand-Grèbe Sombre » qui ne cessait de plonger à peine la surface effleurée. Hubert vint à la rescousse et confirma mon identification : là, à quelques dizaines de mètres à peine, en face d'un ponton vert, un Grand-Cormoran paraissait si accaparé par sa chasse « sous-marine » qu'il semblait avoir perdu tout sens du risque. C'était mésestimer la vigilance de ce plongeur-professionnel, car lorsqu'il réapparut, légèrement plus à droite de ce que j'avais imaginé, en pivotant sa tête, tel un périscope crochu, il eut tôt fait de localiser l'ennemi photographe que je représentais. Préférant, contrairement aux Grèbes, la fuite par les airs, il déploya en une écume généreuse, sa voilure imposante. D'un vol lourd et battu, entrecoupé de glissés profonds qui lui absorbaient une partie de son altitude gagnée chèrement, il s'estompa large.

Hubert interrompit mes rêveries en me demandant de noter : six cent soixante Foulques, ce que je tentais de faire, malgré la bise qui me pinçait les doigts et « rétrécissait » mon crayon.

L'étape suivante, à l'extrémité du camping désert du Bourget, laissait entrevoir discrètement un véritable paradis pour oiseaux aquatiques : un petit îlot de rochers agrémenté d'arbrisseaux et encadré de vastes roselières. Depuis notre poste, il était possible d'observer plusieurs Grands-Cormorans qui usaient de cet atoll comme « sèche-plumes » ; leurs ailes de

Sur l'autre rive,
de grands arbres lumineux,
comme des gerbes de feu
d'artifice, en réalité
pétrifiés par une colonie
de Cormorans.

Ballet pour Mouettes et ponton.

grandes Chauves-souris déployées, ils attendaient passivement que le vent redonne à leur plumage leur lustre indispensable. Outre ces Cormorans, un escadron de Hérons cendrés tenait cette place forte, qui, veillant sur une patte, le cou enfoui dans les épaules, qui, poignard tendu vers on ne sait quel éclair argenté !

Il aurait été possible, sans doute, de préciser d'ici, en ajoutant les couples de Colvert qui croisaient alentour, le nombre de « locataires » de l'îlot. Cependant, prétextant la « rigueur scientifique », je parvenais à convaincre mon ami de me conduire dans la propriété privée qui permet d'accèder, le long d'un petit canal, tout près de ce havre de paix. Là, cachés derrière l'un des affûts de chasse, nous avons pu identifier, en gros plan, sept Grands-Cormorans et, pas moins de dix-neuf Hérons Cendrés. Malencontreusement, un mâle de Colvert parmi la vingtaine qui barbottaient en ces lieux, finit par nous détecter, il aspira dans sa fuite verticale puis tendue, ses propres congénères, puis les Cormorans, enfin, comme à regret, un à un, les hérons cendrés avec leur ample et lent battement d'ailes.

A Terre-nue, dix Goélands cendrés s'imposaient devant une cour de Mouettes rieuses. Ensuite, jusqu'à Aix, c'était le traditionnel congrès des Foulques et, à moindre titre, des Grèbes-huppés ; en arrivant au Petit Port, les premières étaient six-cents, alors que les seconds atteignaient à peine le tiers de cet effectif.

Dans le Petit-Port, un carnaval moins sauvage mais néanmoins pittoresque nous attendait, comme tous les randonneurs du Dimanche qui viennent semer leurs quignons de pain rassis : une marée mouvante et bigarrée de quelque cent trente Colverts et autant de Foulques qui se diluait et se recroquevillait au gré de la pitance attribuée à la volée. Une trentaine de Cygnes tuberculés participaient également à cette fête populaire, ainsi que deux Poules d'eau qui, toutefois, tenaient à conserver un peu plus de distance !

Bien que louable pour l'attraction et la sensibilisation du public, cet « élevage » en semi-liberté constitue malgré tout une menace réelle de pollution génétique vis à vis des Canards purement sauvages ; pour preuve, certains individus qui, dans le lot tenaient davantage du Barbarie que du Colvert bon-teint !

Au grand-Port, ce qui retint mon attention, plus que les oiseaux présents au large et dans les différents bassins, ce fut le tableau insolite qu'Hubert m'avait « dessiné » dans le champ de sa longue-vue.

A peu près en face de nous, sur l'autre rive du lac, de grands arbres lumineux, commme des gerbes de feu d'artifice sur toile de fond de rochers, semblaient avoir oublié de quitter leurs guirlandes de neige, contrairement à tout le reste du paysage. Cette féérie insolite consistait, si l'on franchissait, en bateau, le vaste rubicon, en arbres pétrifiés par la colonie de Cormorans qui, depuis cinq ou six hivers, avait jeté l'anathème sur ces végétaux devenus squelettes !

Parvenue dans la baie de Grésine, à hauteur où la voie ferrée mange, du lac, un croissant de lune marécageux, notre chasse silencieuse aux Canards franchit son ultime degré d'ampleur et de difficulté. Là, en effet, tapissant tout le fond de l'anse, une comète gigantesque d'oiseaux d'eau était venue « s'échouer » à l'abri du vent ; Hubert ne retint pas sa jubilation : « nous allons sans doute battre le record de l'hiver 1971 ». Personnellement j'étais circonspect, non pas de l'éventualité du record, mais tout simplement de la possibilité d'effectuer sérieusement ce travail. Pour me rassurer, mon ami m'expliqua que les dénombrements aériens des oies blanches du Canada, sont encore plus délicats et que, pour y parvenir, les naturalistes doivent s'entrainer à jeter des poignées de riz sur une table et à préciser le nombre de grains du premier coup d'œil. Ici, ce serait beaucoup plus simple, il suffirait de compter un échantillon de cent ou deux cents sujets d'une espèce et de le reporter ensuite de proche en proche sur l'ensemble du « troupeau » ; il fit ainsi et, au terme de son vaste « travelling ». Hubert m'annonça solennellement douze cents Fuligules morillon, trois mille deux cents Foulques, trois cent cinquante Fuligules milouin et une cinquantaine de Grèbes huppés. A l'évidence je devais m'incliner. Cependant, non content de son succès, Hubert fit un retour en arrière, fouilla quelques instants et me présenta dans le champ de son télescope un couple de Fuligules milouinan tout d'abord puis, un peu plus loin, un mâle de Nette rousse, qui, vous le pensez bien, ne pouvaient rester longtemps anonymes au sein de cette fourmilière flottante.

La Pierre du Quart, la Baie de Châtillon, le Château de Saint Gilles et finalement l'Abbaye de Hautecombe furent ensuite les étapes marquantes de ce périple qui, au total, permit d'estimer à neuf mille le nombre de Canards hivernants, fin février 1986, sur le lac du Bourget, et à huit mille le nombre de Foulques. Le record de 1971 de six mille Canards était largement « enterré », quant aux petites Moules zébrées qui constituent l'essentiel de la nourriture de ces plongeurs, elles n'avaient qu'à bien se cacher sous les cailloux de la benne littorale.

Le Grèbe huppé explore les Phragmites en quête du meilleur territoire.

Désirant obtenir l'après midi une vision plus « régionale » de cet hivernage, puisque les retenues artificielles créées, ces dernières années, sur le Rhône, peuvent jouer avec le lac du Bourget un phénomène de « grands vases communicants » nous avons jusqu'à la nuit noire couru les plans-d'eau de Motz, du Lit-au-Roi et de Champagneux. « Un malheur a toujours du bon », car la destruction du Grand-Fleuve dans sa sauvagerie et sa complexité de lônes, se trouve, pour partie, compensée par ses nouvelles capacités d'accueil en Canards hivernants. Ce furent en effet pas moins de dix mille oiseaux d'eau que nous avons pu estimer ce même jour, sur ces trois retenues. Friandises suprêmes, il nous fut également possible d'observer dans de bonnes conditions, à proximité des Iles de Malourdie, une palette colorée de cinq Canards Chipeau, deux Pilets, cinq Harles piette, dont un mâle dans sa parure de neige, neuf Harles bièvre et, fin du fin, trois Oies des moissons.

Rentré tard à la maison, je voyais encore, en fermant les yeux, des images fugitives de Canards ballotés par les vaguelettes, des élégants Morillons dans leur smoking noir et blanc avec leur houppette très distinguée ou des Milouins tout endormis avec leur casque chocolat rabattu sur leur plastron noir. Quel dommage, pensais-je, qu'en dehors des amis du Groupe Ornithologique Savoyard, ces multiples petits joyaux de la nature restent à ce point ignorés !

Cependant je me console en pensant que ces comptages de « canards » réalisés deux fois au cours de la saison hivernale, simultanément sur tous les grands plans d'eau d'Europe, permettent de proposer d'ores et déjà des mesures de gestion adaptées aux évolutions d'effectifs.

Ici, des aménagements appropriés des berges d'un plan d'eau peuvent être conduits, là s'avère nécessaire la mise en réserve d'une escale migratoire importante ou d'un lieu d'hivernage, ailleurs, il est devenu possible de moduler, au gré des populations les prélèvements cynégétiques.

A titre d'exemple, dans notre seule région, on peut se féliciter de la mise en réserve du Lit au Roi sur la retenue de Belley. Dans l'avenir, il serait d'ailleurs souhaitable que cette mesure de protection soit étendue à une partie de la retenue de Champagneux ainsi qu'au plan d'eau du barrage de Motz ce qui prolongerait avantageusement la Réserve Naturelle de la Malourdie.

En ce qui concerne le lac du Bourget, moins de cinq pour cent de sa superficie sont actuellement érigés en réserve de chasse, or connaissant mieux maintenant la répartition des oiseaux hivernants il conviendrait, comme le propose le Groupe Ornithologique Savoyard, d'étendre cette réserve au tiers environ du plan d'eau essentiellement dans sa partie Nord qui est la plus favorable.

LES GROTTES DE PRÉROUGE

L'eau, par érosion mais aussi par corrosion, finit par créer un réseau de fissures, dont quelques unes s'ouvrent à la surface du sol.

Les organismes qui vivent
en permanence dans les grottes
restent dépendants de l'énergie
produite à l'extérieur.

La tradition populaire a de bonnes raisons de craindre les Chauves-souris ; je le dis tout net, ce sont des animaux dangereux, une fois au moins, elles ont failli mettre fin à mes jours ! Mais attention, dangereuses non parce qu'elles sont froides et répugnantes, qu'elles s'accrochent aux cheveux ou qu'elles sucent le sang, en laissant leur victime exsangue au pied d'un château ; bien au contraire, parce que leur biologie est si fascinante, elles sont si mal connues, que je ne peux m'empêcher, chaque année, d'aller leur rendre visite dans leurs plus fameux repaires : les Grottes.

Au juste, pourquoi existe-t-il des grottes ? La réponse est simple, elle se résume en un mot : à cause de l'eau. Cet élément indispensable à toute vie s'évapore des océans, des lacs, des plantes... se condense, précipite, ruisselle, s'infiltre dans les sols, qu'ils soient de sable, de granite ou de calcaire. C'est dans ce dernier cas particulièrement que l'eau, par érosion mais aussi par corrosion, finit par créer un réseau de fissures, *un karst*, dont quelques-unes, très rares, s'ouvrent à la surface du sol. Lorsque, de surcroît, ces fissures sont pénétrables pour nous, alors ce sont des grottes.

Au fur et à mesure des temps, l'eau s'enfonce, circulant de plus en plus profondément, ainsi le réseau de surface finit-il par s'assécher ; il devient inactif ! Cependant gare ! Il est des réveils qui, bien que l'on soit averti, surprennent tellement que la mise en charge d'un réseau peut être brutale selon sa configuration.

En cette fin de janvier, le temps était particulièrement maussade, la pluie avait réussi à chasser la neige de la plaine, mais continuait de s'abattre depuis une semaine, et bien entendu, sans épargner le week-end. Que peut-on alors trouver de plus astucieux dans ces conditions que d'aller se détendre, au sec, dans une grotte avec, peut-être, en prime, une nouvelle espèce de Chauve-souris pour le département ? L'idée saugrenue fut acceptée et le choix se porta finalement sur la grotte de Prérouge. Un ami fut, au passage, entraîné, sans résistance, dans l'aventure.

Ayant franchi le petit pont métallique au-dessus du Chéran, nous sommes parvenus à la porte de l'ombre et du silence. Les lampes-torches fonctionnaient à merveille et, veine supplémentaire, pas la moindre goutte d'eau ne suintait du déversoir, situé sous le pas de la grotte ! Nous nous sommes donc précipités à l'intérieur et avons commencé à fouiller les concrétions, les fissures et autres cachettes secrètes qu'affectionnent les Chauves-souris. Chance du néophyte, l'ami de dernière minute trouva la première : un Oreillard à n'en point douter, mais était-ce le Gris ou bien le Brun ? Grave question qui ne pourrait trouver sa réponse que dans de minutieuses mesures que je jugeais plus aisé d'effectuer à la lumière de l'entrée toute proche.

Je commençais à m'activer avec mon pied à coulisse et ma clef de détermination. Eric et son grand-père mirent cet instant à profit pour aller "fouiner" dans le lit du déversoir. Le pouce (de la Chauve-souris) mesurait moins de six millimètres, je m'apprêtais à lui évaluer la longueur du pied lorsque... de l'eau se mit à jaillir du dessous de la grotte. J'eus juste le temps de lâcher mon volatile, de sauter le lit du ruisseau, d'empoigner mon gamin qui ne pouvait déjà plus franchir tout seul le courant. L'ami, de son côté, était retourné en quête d'un autre Chéiroptère. Il ressortit soudain, en trombe, de la grotte, talonné par un véritable torrent !

Nous l'avions échappé belle, je n'ose imaginer ce qui se serait passé si nous avions été profondément enfoncés dans le réseau !

Vous voyez bien que les Chauves-souris sont dangereuses ! Cet Oreillard nous avait, cependant, pour le moins, tiré d'un bon bain.

Une visite ultérieure de la grotte nous fournit l'explication de la soudaineté du processus. En effet, une grande partie de ce réseau souterrain est descendant avec, au fond, un lac ; seule la galerie

d'accès est légèrement ascendante. Notre visite avait donc coïncidé avec les minutes précises où la totalité du réseau inférieur avait fini par se remplir et la galerie s'était mise à fonctionner comme trop plein avec le petit signal d'alarme, quelques secondes avant, de la résurgence située sous l'entrée.

Dans la pratique, il est exceptionnel que les Chauves-souris occupent des secteurs inondables dans les grottes ; la raison est aisée à comprendre. Ce qu'elles recherchent en fait dans ces milieux, ce sont les conditions d'ambiance stables. Outre l'obscurité permanente, la teneur forte en humidité, la température au fond d'une grotte est pratiquement invariable, correspondant approximativement à la moyenne annuelle des températures de la localité où s'ouvre la grotte. Cette température est donc fonction de la latitude et de l'altitude, elle voisine, dans le cas le plus général, 9° C à cinq cents mètres dans notre région y compris à la mauvaise saison. Comme toujours, une règle n'est pas absolue, il peut exister des exceptions du fait du profil topographique de la grotte ; c'est ainsi que l'on peut rencontrer, sur le plateau du Revard, le lieu-dit "Creux froid", dans lequel la neige accumulée au fond a du mal à disparaître même au cœur de l'été.

Un autre trait original des grottes résulte du fait que les organismes qui y vivent en permanence sont absolument dépendants de l'énergie produite à l'extérieur, puisqu'il ne peut y avoir, à cause de l'absence de lumière, production de biomasse par photosynthèse à l'intérieur.

Dans certaines grottes, un apport non négligeable de matière organique provient des déjections des colonies de Chauves-souris qui arrivent à former une couche de guano et alimenter des invertébrés coprophages. Une autre source de nourriture pour les cavernicoles provient des animalcules qui, en s'enfonçant dans le sol, tombent au travers de la voûte et constituent des proies pour les invertébrés carnivores.

Mais la part prépondérante dans l'alimentation des cavernicoles vrais, c'est-à-dire qui séjournent en permanence et se reproduisent dans ce milieu, transite sous forme de matière organique dans les limons entraînés par l'eau. Ces cavernicoles vrais ou troglobies sont aveugles et dépigmentés, rares parmi eux sont les vertébrés. Il faut citer cependant le Protée, genre de batracien qui vit dans les eaux souterraines de Yougoslavie.

Comme tout milieu très spécialisé, les grottes sont fragiles et, sans qu'il soit besoin d'évoquer les vandales qui brisent les concrétions calcaires en guise de trophée, il faut savoir qu'une intervention humaine, qui peut paraître anodine comme l'éclairage d'une grotte, afin de la faire visiter, bouleverse son écologie ; en témoignent les végétaux qui se mettent à croître à proximité de ces éclairages.

Dans certaines grottes, un apport non négligeable de matière organique provient des déjections des Chauves-souris.

Les Chauves-souris

Ces mammifères sont, parmi les vertébrés, les seuls à partager avec les oiseaux le privilège de voler véritablement. C'est une membrane de peau tendue entre quatre doigts de la main, les pattes postérieures et la queue, qui leur sert d'aile. Le pouce est réduit à une griffe utilisée pour la reptation. Chez les espèces d'Europe, à régime alimentaire insectivore, les yeux sont de taille réduite mais compensés par un ingénieux système de sonar. En effet, pour se déplacer dans l'obscurité ainsi que pour localiser les insectes en vol, les chauves-souris émettent des cris très aigus et des ultra-sons qui, réfléchis par les obstacles et les proies, sont analysés à l'aide d'appendices récepteurs. Ces derniers peuvent consister, selon les familles, en une feuille nasale, cas des Rhinolophes, ou en une membrane située dans le pavillon de l'oreille, qui peut être très développée comme chez les Oreillards. Les chauves-souris se sont adaptées sur les divers continents, à toutes sortes de régimes alimentaires ; outre les légendaires hématophages d'Amérique du Sud, il en est des carnivores qui capturent des rongeurs ou des oiseaux, certaines pêchent des poissons avec leurs griffes, d'autres mangent des fruits, d'autres enfin récoltent du nectar et du pollen de fleur assurant ainsi, à la place des insectes, la reproduction de certaines plantes. Sous notre latitude, le régime insectivore contraint les chauves-souris à vivre au rythme des saisons et donc à réduire presque totalement leurs activités en hiver, époque à laquelle leur source de nourriture demeure inaccessible. Elles s'endorment alors, suspendues par leurs griffes, la tête en bas, dans des lieux obscurs, comme des caves, des mines ou des grottes... Leur température s'établit vers 6°C.

Contrairement aux idées reçues, la plupart des chauves-souris ne sont pas, en hibernation, accrochées en plein milieu de la voûte d'une grotte, chaque espèce cavernicole adopte au contraire, dans ce monde souterrain, une localisation particulière. C'est ainsi que parmi les espèces classiques que l'on rencontre chez nous, non loin des entrées, alors que l'obscurité devient presque totale, on peut remarquer, plaquée contre une paroi latérale, dans une anfractuosité, une petite chauve-souris noire qui porte le nom barbare de Barbastelle. Il est plus aléatoire de découvrir, coincé dans les fissures profondes, un Grand-Murin ou un Oreillard gris. Parmi les concrétions calcaires de la voûte, le Grand Rhinolophe, enveloppé dans son écrin de cuir, reste suspendu comme un fruit oublié. Comme une réplique miniature de la précédente, le Petit Rhinolophe, accroché sous un surplomb bas, attend patiemment le retour du printemps, non loin de la sortie !

Cependant, toutes les chauves-souris ne se rencontrent pas dans les grottes, loin de là ; beaucoup d'espèces, à la belle saison, séjournent dans les troncs creux, les greniers, les clochers où il n'est pas évident a priori de les dénicher. Il faut citer entre autres dans cette seconde catégorie : les Noctules.

Dans tous les cas, on se gardera scrupuleusement de les manipuler pour de multiples raisons. Il faut avoir présent à l'esprit que les chauves-souris ont, comme tout Insectivore, des petites dents bien aiguisées et que les morsures qu'elles dispensent peuvent être douloureuses, de plus, elles sont souvent porteuses de parasites, certaines, en Amérique du Sud il est vrai, sont connues pour véhiculer la rage. Mais outre ces raisons dissuasives, il en est encore de plus fondamentales, en effet, la plupart des espèces de chauves-souris existantes en France sont menacées de disparition, non seulement du fait du dérangement occasionné par certains spéléologues ou certains naturalistes peu consciencieux, mais du fait des traitements insecticides largement pratiqués qui réduisent directement leurs proies, et de plus contaminent ces animaux dont la reproduction semble bien affectée. Ajoutons à cela la suppression de nombreux gîtes : arrachage des haies, abattage en forêt des arbres morts... Le simple fait de recueillir une chauve-souris en léthargie engendre une dépense d'énergie inutile qui pourra lui être fatale dans l'attente du retour des beaux jours. La détermination enfin n'est pas chose aisée et, sans une prise de mensuration extrêmement précise de certains membres, on ne peut espérer identifier convenablement ces animaux. Il existe en effet pas moins d'une trentaine d'espèces de chauves-souris en France. Dans le département de la Savoie, une douzaine d'espèces seulement ont pu être identifiées jusqu'ici, ce qui est bien peu puisque le seul département de l'Isère en possède environ le double.

Ce n'est d'ailleurs pas sur les observations qui pourront être réalisées, à l'avenir, à l'intérieur des grottes des massifs calcaires comme les Bauges ou la Chartreuse, mais par la recherche des espèces arboricoles et des gîtes d'été tels que clochers, greniers, ruines ou dessous de ponts, que l'on peut espérer faire progresser cet inventaire !

Signalons, par ailleurs, qu'une source d'information, aussi originale que précieuse, provient de la dissection des pelotes de "rejection" de certains rapaces noctures comme la Chouette Effraie qui, le cas échéant, capture les espèces qui cohabitent avec elle comme le Grand-Murin. C'est ainsi également qu'a pu être identifiée en Savoie la Sérotine commune.

Le goût de la connaissance de ce monde, pour les uns répugnant, pour les autres fascinant, des mammifères volants qui, déjà, avaient séduit l'imagination de Clément Ader, le père de l'aviation, ne doit en aucun cas oblitérer les chances de survie de ces animaux que des millénaires d'évolution nous ont transmis, et que nous risquons consciemment ou inconsciemment d'anéantir en quelques décennies.

Pourquoi s'alarmer ainsi, toutes les espèces de chauves-souris existantes en France ne sont-elles pas protégées par les arrêtés de la loi relative à la protection de la nature ?

Réalité législative certes, mais obstacle de papier combien ténu, que nul ne songe à opposer aux agressions quotidiennes qui frappent non seulement les individus, mais leur milieu.

Le Grand Rhinolophe, enveloppé dans son écrin de cuir, reste suspendu comme un fruit oublié.

Le rare Murin de Daubenton.

LE VALLON DE BELLEVAUX

ET "SES" MOUFLONS

L'automne s'est glissé, dans le vallon, jusqu'aux portes des hameaux.

Le flamboiement doré des Trembles.

Dans le bas, vers Lescheraines, on devine que tout est prêt, dans les ramures, pour célébrer la grande fête de la Verdure. Le tendre des jeunes pousses, encore mêlé de tilleul, glisse ses lèvres entre les écailles brunes ; la cueillette des Dents de Lion, pour se purger du long hiver, témoigne aussi, chez les humains, de la nécessité de ce printemps.

Malgré tout, l'air, encore bien frisquet, qui tombe des sommets griffés des dernières traînées d'avalanches, rappelle qu'il faudra encore un peu de patience ; nous ne sommes que le premier avril.

Juste à la sortie d'Ecole, à l'instant où je quitte le pont pour me diriger vers Nant fourchu, j'entrevois, en contrebas de la route, une bécasse des bois dans son habit d'écorce.

Après le hameau de Carlet, on pénètre pleinement dans le cœur sauvage des Bauges, les talus sont douillettement emmitouflés dans des duvets de mousses cuivrés, le cours naissant du Chéran, resserré entre des gorges abruptes, délivre une eau d'une froide limpidité. Seuls quelques grands fûts d'Epicéas écorchés prouvent que la forêt qui s'élance vers le Pécloz n'est plus primitive.

A partir de l'embranchement de la Chapelle de Bellevaux, la route n'est plus dégagée ; j'hésite à chausser les skis, mais, en définitive, opte pour la marche à pied, pour le versant sud de la montagne de la Coche.

J'atteins avec précaution la lisière des prairies qui s'étendent aux alentours du hameau de Bellevaux, ce matin mon intérêt ne réside pas dans le flamboiement doré des Trembles, comme lors de ma dernière visite fin octobre, mais dans la gourmandise que témoignent les femelles de Mouflon vis-à-vis des toutes premières pousses d'herbe.

L'une d'elles aux flancs rebondis, prête à mettre bas, dresse prestement la tête ; diable d'animal ! J'étais persuadé de ne pas avoir été trahi, la brise descendante étant favorable à mon approche !

La voici qui galope vers la lisière, un peu engoncée par son fardeau, sa fuite happe aussitôt quatre autres femelles et, émerveillement, un cabri nouveau né, que je n'avais même pas deviné dans mes jumelles tant il était plaqué contre sa mère.

Déjà les bêtes se sont dissipées entre les troncs dénudés des Fayards, je perçois encore une branche qui craque, des feuilles sèches remuées, la féerie a cessé.

Je n'ai guère eu le temps d'extraire le téléobjectif de mon sac à dos et me console en pensant que de toutes façons la lumière était un peu juste, tout comme étaient trop verts les raisins de Renard !

Absorbé dans cette pensée, j'emprunte presque machinalement le sentier qui grimpe au dessus du hameau, franchis un ruisseau et m'essouffle, sous les sarcasmes d'une tribu de geais, dans une méchante pente laquée d'herbes sèches.

Au sommet, je rejoins une crête bordée de Hêtres aux écorces délicatement chinées de gris, de là, je domine un talweg au fond duquel je découvre un vaste chambardement de branches et de souches, seuls quelques jeunes Frênes ont su s'effacer sous une terrible herse de neige et leurs bourgeons noirs, en forme de mitre, témoignent d'un reste de vie !

Cette vision de la nature auto-détruite pince le cœur peut-être parce qu'elle rappelle, s'il était nécessaire, notre propre futilité !

Cependant, paradoxe de l'existence, au beau milieu de ce vallon ravagé, il me semble percevoir un frémissement, je fouille à l'aide de mes jumelles et découvre deux agneaux de Mouflons qui, à l'instant, viennent de voir le jour. L'un d'eux est allongé tandis que son jumeau tente déjà de se dresser sur ses pattes trop fragiles ; ils sont encore mouillés du ventre de leur mère et possèdent toujours leur cordon ombilical. Une femelle, à quelques pas de là, m'observe, je me sens mal à l'aise de l'avoir troublée en un instant aussi crucial, et ceci m'incite à me retirer avec beaucoup de précautions.

Durant le reste de la matinée, ma mauvaise conscience n'arrivera pas à être dissipée, ni par les Chamois qui pâturent sous les Bancs de la Coche, ni par les va-et-vient d'un Aigle royal adulte en quête d'ascendances le long des falaises.

En milieu d'après midi, trop interrogé par l'abandon éventuel de "mes" cabris, je me mets en quête d'un promontoir d'où observer, sans trouble, leur "berceau".

Après une vingtaine de minutes de prospection méthodique, je les repère avec soulagement car, à n'en point douter, ils se portent comme des charmes. En quelques heures, la nature a opéré, sur ces êtres nidifuges, des miracles : leur pelage est maintenant sec et soyeux comme celui d'une belle peluche, les pattes, bien qu'encore trop écartées, avec leurs fortes jointures, paraissent beaucoup plus fiables, on les devine parés pour galoper et affronter ce milieu sauvage des Bauges qu'on leur a octroyé !

J'effectue, avec une longue focale, quelques clichés sachant qu'une naissance gémellaire chez le Mouflon est un fait rarement démontré !

Puis, je redescends tout guilleret du fait que ces deux "biquets" semblent tirés d'affaire, cependant cet incident, si heureux puisse-t-il être, ne va pas sans soulever quelques questions relativement au Mouflon et à ce milieu dans lequel il a été introduit. De façon plus générale sur les motivations d'une telle introduction, et les garanties offertes à la faune et au milieu par les statuts d'une Réserve Nationale de Chasse !

Certains, j'en suis persuadé, chercheront à percevoir, au travers de ces questions, des propos tendancieux d'anti-chasseur ; sans chercher à vouloir, à tout prix, rassurer ces personnes-là, je pense que le discours n'est pas aussi gratuit, attendu que la plupart de ces interrogations ont été soulevées par des amis comme Yan Magnani qui, au sein même du Service Technique de l'Office National de la Chasse, travaillent à mieux comprendre et à mieux gérer la faune.

Est donc posé, en premier lieu, le problème du bien fondé de l'introduction d'une espèce originaire de Corse et de Sardaigne dans les conditions topographiques et climatiques des Alpes du nord. Les études conduites dans ce sens, en France comme à l'étranger, ont démontré qu'indéniablement ce "mouton" sauvage a de grandes difficultés de déplacement et d'accessibilité à la nourriture lors de la présence d'un important manteau neigeux. De surcroît, on peut constater, comme dans le cas de l'introduction tentée à Champagny, que le Mouflon paye un lourd tribut aux avalanches.

Il semblerait par ailleurs qu'à l'origine, dans les années 1954, 1955, pour ce qui concerne le massif des Bauges, n'ont pas été assez pris en considération les problèmes de compétitions territoriale et alimentaire avec les autres Ongulés sauvages indigènes, tels que le Chamois et/ou le Chevreuil. Enfin, on a sans doute mésestimé, dans ces conditions difficiles d'alimentation, les dégâts pouvant être occasionnés aux plantations, en particulier de Sapins pectinés.

Notons que ces questions devraient être examinées préalablement à toutes introductions ou réintroductions (nuance importante), et ce, tout-à-fait indépendamment du statut juridique de la zone protégée dans laquelle l'on souhaite effectuer ce type d'opération.

A ce propos, il est juste de considérer que les "difficultés" rencontrées par le Mouflon dans les Alpes du nord ne seraient sans doute pas à généraliser hâtivement à l'ensemble de l'Arc alpin, et notamment pas aux Préalpes sèches du sud.

En tout état de cause, les résultats plutôt négatifs enregistrés dans des départements comme celui de la Savoie devraient servir, afin que ne soient pas renouvelées semblables "expériences" dans des conditions aussi peu favorables, ce d'autant que l'espèce paraît difficile ensuite à contrôler par le biais de tirs d'élimination !

Sur un plan plus général, l'introduction d'une espèce dans la perspective d'augmenter à court ou moyen terme un capital faunistique sinon cynégétique, le fait d'affourager ces animaux en hiver, ainsi que de chercher à limiter sur ce même territoire le nombre de Carnivores prédateurs,

Deux agneaux de Mouflons qui, à l'instant, viennent de voir le jour.

tendent à faire prendre conscience que les préoccupations d'une Réserve de Chasse, fût-elle nationale, sont trop étroitement limitées au patrimoine faunistique et sans doute pas assez soucieuses de la protection de la flore et plus fondamentalement encore des milieux.

Cette dernière considération s'appuie sur les conclusions d'une étude récente, menée sur le massif des Bauges, dont l'objet était d'apprécier autant que faire se peut, les différentes richesses naturelles de l'ensemble de ce massif préalpin.

Si un nombre conséquent de ces caractéristiques naturelles, non limitées à la faune mais incluant des éléments floristiques et géologiques, se situent de façon heureuse dans le périmètre administratif de la Réserve, d'autres s'étendent bien au-delà, notamment sur tout le croissant oriental des Hautes Bauges depuis la montagne du Charbon-Trélod au nord-ouest, à la Dent d'Arcluz au sud et à la pointe de la Sambuy à l'est.

Un tel ensemble remarquable sur le plan régional, voire national, par référence aux autres massifs préalpins, mériterait, sans conteste, un statut de protection juridique qui garantirait non seulement l'une ou l'autre fraction des biocenoses, mais la pérennité d'écosystèmes montagnards et subalpins dans leur globale complexité. Une Réserve Naturelle qui, il faut s'empresser de le dire, n'est pas incompatible avec des pratiques cynégétiques raisonnées en terme de plan de chasse, pourrait apporter de telles garanties.

Depuis la Corse et la Sardaigne en passant par Chambord où il n'a peut-être pas gagné de lettres de noblesse, notre Mouflon a sans doute contribué à sa manière à "refaire les Bauges", comme quoi un malheur a toujours du bon.

Hermine ou Belette

Chez nous, durant les mois d'hiver, pas de problème, je ne dis pas pour apercevoir l'hermine dans son grand décor de neige, mais pour l'identifier, car c'est, en effet, le seul petit carnivore à devenir tout blanc, enfin, si l'on fait abstraction de l'extrémité de sa queue, qu'elle semble avoir « trempée » dans le goudron !

Aux beaux jours, c'est une autre affaire, car elle ne pointe, le plus souvent, que sa frimousse ou, si elle est complaisante, la moitié de son corps dressé comme une chandelle, hors d'une murette de pierres ou d'un tas de bois et, dans ces cas là, son petit pinceau noir compromettant ne peut la trahir.

Alors, direz-vous, la taille, oui bien sûr, la taille qui est beaucoup, beaucoup plus grande que celle de la Belette. Mais a-t-on toujours son pied-à-coulisse « dans l'œil » : un « Monsieur » Hermine adulte, cela mesure vingt-sept centimètres en moyenne, plus une dizaine pour la queue, sa « compagne » plus que vingt-trois centimètres, un mâle adulte de Belette, une vingtaine de centimètres, plus sept d'appendice caudal, quant à « Dame » Belette, guère plus de dix-sept centimètres : alors êtes-vous toujours aussi sûr d'avoir correctement identifié « l'herminette » entr'aperçue à la tombée de nuit, à l'époque de la Saint-Jean ?

Il faut avouer que rares sont les petits mammifères à accuser un dimorphisme sexuel aussi tranché : deux cent cinquante grammes pour le poids moyen de l'Hermine mâle adulte contre cent cinquante grammes pour celui de la femelle, quant au Mâle de Belette, il peut « franchir » l'hectogramme, mais la femelle ne dépasse guère les soixante grammes.

On cherche ensuite à se tirer d'embarras en supposant que l'Hermine fréquente les neiges éternelles et qu'à l'opposé, la Belette se cantonne dans nos basses plaines, eh bien, là encore on se laisserait volontiers « piéger » par ces deux sympathiques prédateurs !

Des Hermines, dans notre département de la Savoie, j'ai eu le plaisir d'en voir cabrioler un peu partout : vers l'étang de la Bridoire à deux cent cinquante mètres d'altitude ou encore vers Chindrieux, au Nord du lac du Bourget. Dans le massif des Bauges, je me souviens d'une en particulier qui effectuait de véritables pirouettes, juste à côté d'un de ces tas de pierres que l'on rassemble dans les prairies, c'était à proximité du village de Bellevaux. Un autre jour, dans le Beaufortain, au Col des Saisies, deux Hermines jouaient à cache-cache autour d'un bûcher, rien que pour me distraire dans l'exposé que j'essayais de faire aux accompagnateurs de montagne. En Tarentaise, comme en Maurienne, il n'y a guère de cabanes et de refuges en altitude, qui n'hébergent, à proximité, ce genre de « locataire curieux » ; une Hermine, au refuge du Saut, a même eu l'impertinence, un hiver, de courir sur mes chaussures, alors que j'allais dans la cave pour chercher du bois. Cependant, l'observation « record », c'est mon ami Didier Jalabert qui l'a effectuée en se retrouvant nez à nez, au mois de septembre, avec une Hermine qui s'était hissée, comme lui, jusque sous le Sommet de la Pointe Rénod à 3300 m d'altitude.

Quant à la Belette, elle possède le même don d'ubiquité : j'ai essayé d'en photographier une qui venait régulièrement faire la guerre aux Souris grises hôtes de mon poulailler, à Aix-les-Bains ; en altitude, on

L'Hermine (en haut) n'est pas toujours facile à distinguer de la Belette (en bas).

peut la rencontrer jusque vers 2 800 m, cas d'une Belette observée en septembre au Col de Chavière.

Les deux espèces rivalisent d'adresse et de nervosité, inlassablement partagées entre une frayeur instinctive et une curiosité effrénée ! Une illustration insolite de ce comportement me fut donnée en franchissant le passage-à-niveau qui mène à Argentine ; j'aperçus, dans mon rétroviseur, une Hermine qui jaillit, comme un trait, entre un rail du chemin de fer et une traverse de bois. Sans cesse, elle apparaissait et disparaissait dans cet « univers ferroviaire », tant et si bien qu'un train finit par arriver ; évidemment elle plongea sous la voie mais, à peine le monstre d'acier éloigné, elle en ressortit, nullement incommodée ; ce qui la tenait là était un Mulot qu'elle avait caché sous une poutre du passage, elle finit par le récupérer dans sa gueule et par s'éloigner en zigzaguant, ajustant ses bonds de traverse en traverse.

En fait, sans vouloir être trop « finaliste », en plus de la configuration du milieu : haies, berges de ruisseaux, roncières..., le régime alimentaire — c'est-à-dire les micro-rongeurs dans 80 à 90 % des cas — est la clef de la biologie, de la répartition et de la

L'Hermine est chez nous, le seul petit Carnivore à devenir tout blanc durant l'hiver.

dynamique des populations de ces deux petits carnivores.

Il est permis de penser que le dimorphisme sexuel, très accentué chez l'Hermine comme chez la Belette, réduit considérablement la compétition alimentaire au sein de ces espèces, en autorisant l'exploitation d'un large spectre de captures. Schématiquement les plus gros cherchant à attraper des proies « à leur mesure », c'est ainsi que le Campagnol terrestre ou Rat taupier, qui peut accuser le poids respectable de cent grammes, constitue une pièce de choix pour l'Hermine mâle ; je suppose qu'en haute altitude, le Campagnol des neiges, qui fréquente les clapiers stables, doit avoir également pas mal de démêlés avec ce diable ondulant. La Belette, elle, n'a pas à attendre qu'un rongeur pointe ses vibrisses à la surface du sol, le diamètre de son corps l'autorise à pénétrer directement dans le réseau de galeries de ses « victimes » : Campagnol des champs, Mulot sylvestre pour le menu ordinaire. Son anatomie lui offre l'exclusivité de cette chasse ténébreuse, je vous laisse imaginer le film d'épouvante pour Campagnols, version : « Dents de la terre », lorsqu'elle se met en campagne !

Pour l'une comme pour l'autre, on a considérablement exagéré la prédation qu'elles pouvaient exercer sur les élevages domestiques et le gibier ; ces « exactions » ont, en réalité, un caractère accidentel et saisonnier, à l'époque où les populations de rongeurs ne sont pas encore reconstituées.

En ce qui concerne la dimension des territoires de l'Hermine, des études menées, en Suisse, dans les Alpes Vaudoises, par la technique de capture, au moyen de trappes en bois, du marquage auriculaire, et de recapture, ont permis d'estimer leur valeur moyenne à dix hectares durant l'été 1982, été qui avait fait l'objet d'une pullulation de Campagnols terrestres.

Durant l'hiver, estimés cette fois à l'aide des traces, ces territoires offraient des superficies d'environ vingt hectares.

Hermine et Belette présentent toutes deux des stratégies démographiques avec renouvellement rapide de leurs effectifs, ce qui leur permet « d'ajuster » leurs densités au gré des fluctuations de rongeurs. Cela implique comme corollaire que, même au prix de « grands efforts » de piègeage, on ne peut localement arriver à exterminer ces Mustélidés, contrairement au Blaireau ou à la Fouine qui ont des renouvellements lents de population.

Paradoxalement, les décrets d'application de la loi sur la Protection de la Nature autorisent aujourd'hui encore la destruction de ces petits carnivores, sans doute le législateur ignorait-il qu'une Belette, c'est quelque 365 « souris » par an, mais peut-être est-elle si petite et si discrète qu'il n'avait simplement pas remarqué sa grâce et son élégance !

LE CLOCHER D'ARGENTINE

Un paysage, ouvert aux cultures, avec son clocher donjon, est l'archétype du biotope de la Chouette effraie.

Au pont Royal, l'Isère et l'Arc réunis, encore tout emmitouflés dans un édredon de brume, émergeaient de l'obscurité. Une étoile paressait au dessus du Grand-Arc ; cette journée de juin s'annonçait pleine de promesses ! La veille, nous avions, avec Hubert, effectué la synthèse des espèces d'oiseaux recensées, jusqu'ici, dans la vallée de la Maurienne aux fins de l'Atlas ornithologique. Quelques lacunes nous étaient apparues, et nous courions avec la ferme détermination de rapporter, à l'issue de notre fugue, deux ou trois "volatiles" nouveaux pour ce district !

Aiguebelle absorbée, nous épiloguions : Râle de genêts et Pic tridactyle... Je n'étais, pour une fois, pas accaparé par la conduite et avais, de ce fait, l'agrément de regarder s'éveiller les sommets de la Lauzière : les Marmottes noires, la Grande Muraille, le Rognolet... J'avais la sensation, commune dans ces circonstances, d'être figé et de sentir défiler le panorama. En cet instant, j'abaissais mon regard, une verte colline, couronnée d'un hameau et d'une église, s'évadait de mon champ de vision : je sursautais : "la Chouette effraie" - trait de lucidité, de toute évidence ce paysage, ouvert aux cultures, avec son clocher donjon, était l'archétype du milieu de la Chouette effraie, or cette "Dame Blanche" figurait sur la liste de nos suspects à rechercher !

Impressionné de ma conviction mais aussi parce que le crochet serait peu gourmand en temps, Hubert fit demi-tour et prit la départementale qui mène à Argentine.

Parvenus sur la petite place devant l'église, nos regards se portèrent de concert vers le hublot situé au dessus du porche d'entrée ; il était à sa base, maculé des traînées blanches qui signent, de façon non déguisée, l'occupation des sous-pentes par un nocturne !

Il eut été indécent et peu crédible, à cette heure, d'aller quémander l'autorisation de pénétrer en ce lieu saint ! Aussi avons-nous été contraints de patienter jusqu'à notre retour, le lendemain, pour pleinement certifier notre trouvaille !

La brave personne qui avait charge de la clef eut quelques réticences à admettre le mobile de notre visite ! Il est vrai que, mal rasés, avec nos jumelles en bandoulière, nous devions paraître assez peu catholiques, ce n'est donc pas sans raison qu'elle se crut obligée de nous accompagner et de nous attendre durant le laps de temps où nous grimpions dans le clocher !

Comme de coutume, les échelles étaient tout ce qu'il y a de plus vermoulues ! Etant plus svelte, il me revint l'honneur d'escalader le premier !

Au faîte de la troisième, celle à laquelle il manquait le plus de barreaux, je trouvais une belle plume blanche, perlée de beige sur son bord de fuite. Nous possédions cette fois la preuve irréfutable de la présence de l'Effraie dans la basse vallée de la Maurienne. Néanmoins, en détectives obstinés, nous tenions encore à approfondir l'enquête de façon à savoir si l'occupation était actuelle ou passée.

Nous étions maintenant parvenus au niveau où une ouverture permet d'accéder au-dessus de la voûte. La première pièce était réduite et sombre, elle exhalait une odeur forte, nous n'eûmes guère de difficultés à trouver, derrière une maîtresse poutre, trois boules de duvet qui, importunées, dodelinaient de la tête. Sur un pilier proche et au plancher gisaient quelques pelotes de réjections que j'enfournais dans la poche de mon treillis.

Outre le fait d'être renseignés sur le régime alimentaire de nos "locataires", nous allions, grâce à la dissection de ces pelotes, pouvoir recenser ce monde, difficilement accessible, des petits mammifères des prairies et des bocages.

Autant de gagné pour la connaissance de la répartition de la faune de notre département, sans recourir au piégeage, qui donne malgré tout au naturaliste quelques scrupules concernant en particulier les Musaraignes si délicates à conserver vivantes dans les trappes !

Je fouillais méthodiquement les sous-pentes et pus ainsi faire ample récolte de ces précieuses boulettes ; certaines anciennes qui laissaient déjà augurer de leur contenu osseux, d'autres toutes fraîches encore luisantes de mucus. Je trouvais le meilleur gisement, non loin du hublot, d'où était partie notre enquête et d'où j'entrevoyais la perspective du terrain de chasse de notre rapace. Je prenais plaisir à l'imaginer plongeant, par cette lucarne, de son vol silencieux, en quête des Campagnols et Mulots qu'elle devait impérativement rapporter à ses rejetons !

Retournant à tâtons, en longeant les murs, de peur de passer au travers de la voûte, je mis la main sur une Chauve-souris parfaitement momifiée ; peu imprégné des films d'épouvante, je l'enfilais, à son tour, dans l'une de mes poches, heureux d'avoir, à si bon compte, une indication sur les Chiroptères qui "hantent" ce secteur. Une autopsie minutieuse m'apprit le lendemain qu'il s'agissait d'un Grand-Murin.

Ce même lendemain, je me mis en demeure de dépouiller mes pelotes d'Effraie : une quarantaine au total. Par rapport aux autres, ces pelotes présentent le double avantage de contenir des restes osseux, tels que des crânes de petits mammifères non broyés, par ailleurs, des proies très diversifiées puisque, outre des rongeurs, elles sont susceptibles de renfermer différentes espèces de Musaraignes.

Chaque pelote contenait, en moyenne, les parties non digérées : os et poils, de près de quatre petits mammifères et au total, ce fut quatorze espèces différentes identifiées auxquelles il convenait d'ailleurs d'ajouter trois restes d'oiseaux, probablement de moineaux.

Les campagnols représentaient pratiquement quarante pour cent des proies et, parmi eux, ceux des prairies étaient largement dominants. Le Rat taupier qui constitue l'une des plus grosses captures de l'Effraie, puisqu'il peut atteindre cent grammes, était représenté par une quinzaine de sujets. J'eus même la surprise de trouver un Campagnol roussâtre, ce qui est peu fréquent lorsque l'on sait que ce joli rongeur est un hôte quasi-exclusif des bois où l'Effraie s'aventure peu, tout au plus peut-elle "l'épingler" en lisière ou le long d'une haie !

Les Musaraignes que l'on reconnaît, du premier coup d'œil, à leurs frêles mandibules de porcelaine, ne constituaient pas moins du tiers des captures. A part égale, je trouvais la Carrelet aux tubercules des dents aïguisés de vermillon, et la Musette, celle-là même qui pénètre dans nos maisons à l'approche de la mauvaise saison et que l'on baptise familièrement la "Mézette". La bien nommée Musaraigne pygmée n'était, quant à elle, identifiée que sept fois, et l'élégante Musaraigne aquatique au ventre d'hermine, seulement deux fois !

Les deux espèces de Mulots, ces diaboliques souris sauteuses, étaient au rendez-vous, toutefois, le sylvestre plus fréquent que son "cousin" à gorge jaune.

Ma collection devait s'enrichir également : d'une dizaine de Rats des moissons, ces miniatures de quelques grammes qui parviennent à se hisser sur les épis, de deux Souris grises et d'une Taupe.

Jacques Prévert eut bien ajouté "*et.... cinq ou six ratons-laveurs*", mais je n'eus, et pour cause, pas ce bonheur !

Je me défie généralement beaucoup des arguments utilitaires concernant la Protection de la Nature, car c'est rabaisser cette notion au rang d'un "produit de consommation", cependant, dans le cas présent, un calcul élémentaire fait apparaître, en considérant que la Chouette effraie régurgite deux pelotes par jour, que ce rapace capture environ trois mille proies annuellement et une famille entière, facilement plus de dix mille. Quelle que soit la sympathie que l'on puisse éprouver, par ailleurs, pour ce monde ignoré des micro-mammifères, c'est une vérité de constater que les rapaces nocturnes jouent un rôle capital dans l'équilibre des populations animales.

Des chuintements nocturnes insupportables, des pelotes qui souillent les greniers ; un simple petit grillage viendra sans peine, en condamnant les issues, à bout de l'oiseau de malheur !...

Le clocher d'Argentine, un des seuls de Maurienne à héberger la "Dame Blanche" se gardera sans doute longtemps encore de cette facilité, non seulement pour le bienfait de l'agriculture, mais pour le simple goût de ce qui est mystérieux et beau !

La Chouette effraie

Il eut été raisonnable de rentrer ; ma mère allait encore se faire du "mauvais sang" et mes devoirs qui n'étaient pas finis ! Pourtant, tout concourait, en ces lieux, à créer une atmosphère fascinante : la proximité du grand lac que rappelait le bruissement des Phragmites, l'odeur du marais, ces ruines toutes proches qui avaient vu se succéder les Ducs de Savoie... Lorsque je me décidais à récupérer ma bicyclette, il faisait presque nuit !

Une stridulation déchirante venue de la tour à demi écroulée, puis une seconde, me pétrifièrent !

Etait-ce une punition divine qui me frappait ? Et maintenant ces chuintements qui s'accéléraient, tels une grande scie, que me voulaient-ils ?

Une ombre blanche et silencieuse, au vol ralenti comme celui d'une grande chauve-souris, me rassura.

Pendant que je pédalais, vers le Viviers, comme un forcené, je bougonnais, pour me donner du courage, contre les imbéciles qui croient encore aux fantômes et qui, pour conjurer les mauvais sorts ont, durant des générations, crucifié vivantes de semblables Effraies sur leur porte !

Tout de même n'a-t-on pas idée, lorsque l'on s'adapte si bien au voisinage de l'homme, en occupant ses greniers, ses pigeonniers, ses clochers, d'aller émettre des sons aussi inquiétants !

Cependant si son "*ramage ne se rapporte pas à son plumage*", l'Effraie peut se "consoler" de figurer parmi les oiseaux possédant une très vaste répartition biogéographique ; elle est en effet représentée sous les climats tempérés des cinq continents.

Rupestre à l'origine, elle s'est, presque partout, accoutumée aux édifices humains ; elle peut cependant être encore fidèle à son biotope ancestral, c'est ainsi que j'ai observé un couple nicheur près de Voglans dans une petite falaise, où il cohabitait avec le Choucas des Tours.

Son régime alimentaire composé essentiellement de micro-mammifères, l'exclut des régions où l'enneigement persiste et où les proies deviennent trop longtemps inaccessibles.

Encore assez bien représentée dans l'Ouest de la Savoie, pourvu que demeurent bocages et cultures ouvertes, elle se raréfie vers l'Est pour disparaître en zone de montagne lorsque l'altitude excède mille mètres environ.

L'Effraie offre des exigences écologiques assez semblables à celles d'un autre rapace nocturne : la Chouette chevèche malgré certaines divergences du fait de la taille plus réduite de cette dernière, ainsi que de son régime alimentaire où, l'été, les insectes entrent pour une grande part, les deux espèces peuvent très bien se tolérer sur un même domaine.

L'une des originalités de la biologie de l'Effraie réside dans sa stratégie de reproduction, modulée selon la disponibilité des proies. Ainsi, les années de pullulation des Campagnols, elle parvient à pondre dix à douze œufs, alors qu'ordinairement, la ponte n'en comporte que quatre à sept. Le revers de cette "médaille" est qu'après l'opulence existe une forte mortalité lorsque surviennent des mois de disette : un tiers des jeunes seulement passeront l'hiver, certains parmi eux seront contraints d'aller quérir des cieux meilleurs. A ce propos, P. Geroudet rapporte le cas d'Effraies marquées au nid et retrouvées à plus de mille deux cents kilomètres de ce lieu. Lorsque la femelle couve et qu'il y a pléthore de proies, le mâle lui apporte à sa disposition un copieux ravitaillement : j'ai pu observer un de ces gibets sur les poutres qui entourent le carillon du clocher du hameau de la Chapelle, où, entre autres victimes, figuraient les deux espèces de mulot : le Sylvestre et celui à Collier Jaune.

Outre le fait que ce beau nocturne est étroitement dépendant des conditions climatiques et de la disponibilité de ses proies et sans vouloir rappeler les superstitions et les persécutions dont il a fait l'objet, il ne fait pas de doute que l'agriculture moderne avec le remembrement, la démolition des fenils, remises, greniers, etc... le trafic routier ou encore les fils et câbles électriques, pèsent sérieusement sur ses effectifs !

Le régime alimentaire de la Chouette effraie peut être connu grâce aux restes de ses proies.

LA VALLÉE DU GELON

OU LA MORT DU DERNIER OURS

Ourson de peluche, si bon pour sécher ses premières larmes, si docile pour subir ses premières exigences !
Gros Nounours qui, chaque soir, adresse de sa voix grave :
« Bonsoir les enfants » aux explorateurs en culottes courtes, fourbus des découvertes de leur univers.
Baloo, compagnon fidèle de Mowgli, dans la féérie du Livre de la Jungle, tu as ravi nos cœurs d'adolescents.
Brun, Martin, Winnie... gros ou petits, quels animaux, mieux que vous, nous ont conduits dans la bonhomie, du chevet de notre berceau, au seuil de l'âge adulte... ?

"En mettant le nez dehors, j'eus la surprise de découvrir, tout près de la maison, des empreintes énormes, plus larges que le sabot d'un cheval !..."

Comment concevoir qu'entre la mascotte et la « pratique », existe un tel fossé ; que l'Ours pain d'épice puisse être en même temps le fauve traqué, dont la tête a été, partout, mise à prix, au côté de celle du Loup, du Lynx et des Vautours ?

Non encore, sans doute, complètement sevré de Nounours, mais, déjà probablement bien intoxiqué du fait des portraits noircis, par les « aventuriers » afin de justifier et grandir leurs actes, je me suis trouvé ainsi partagé, lors de mon premier séjour au Québec, entre la « faim » du naturaliste et l'appréhension du « civilisé ».

La veille, nous avions pu jouir d'un des plus grands spectacles naturels qu'il soit donné d'observer : celui offert par les dizaines de milliers d'Oies blanches, stationnées, à l'automne, au Cap Tourmente qui, des vasières du Saint Laurent, s'élèvent dans un vacarme assourdissant, au point de blanchir totalement le grand horizon canadien !

Nous étions « présentement rendus » au centre de foresterie de Montmorency où avec Jacques, nous ne nous étions pas fait prier, dès la réception « chaleureuse en diable des maudits Français » achevée, pour filer dans le Bois, avant la tombée de la nuit !

A peine avions-nous contourné l'aile du bâtiment d'accueil, qu'en passant devant la cabane destinée aux déchets, nous avons relevé des empreintes si bien moulées dans la glaise qu'elles parurent de la provocation ! Ni l'un, ni l'autre n'en avions jamais vu de semblables, mais, leur taille était telle qu'il fut superflu d'échanger le nom de leur auteur ; une même idée nous « accrocha » : retourner nous vétir chaudement, nous munir d'une torche électrique et revenir tenir un affût.

Lorsque la nuit se fut glissée tout à fait entre les troncs serrés des Epinettes, j'eus beau essayer de me raisonner, mon cœur se mit à cogner, plus fort, dans ma poitrine.

Notre guet, cependant, ne fut pas exagérément long. Des bruits insolites s'intensifiaient à proximité de la cabane, notre imagination ne nous abusait point : « on » fouillait bel et bien dans les détritus, en provoquant force tintements de boîtes, bruissements de plastiques...

Ne pouvant plus résister, je braquais le pinceau de lumière en direction de notre « éboueur », mais nulle silhouette d'Ours noir ne se profila ; seul, un sac plastique continuait de s'agiter. Déçu, mais aussi rassuré, je m'approchais : l'hôte du sac se présenta à reculons, d'abord sa longue queue en panache, puis, son échine rayée comme un bonbon menthe-réglisse, enfin, son adorable minois à la truffe et aux perles luisantes : « Dame » Moufette faisait son marché ! J'étais tout émerveillé de son élégance lorsque brutalement, me vint la hantise de devoir « essuyer » son jet nauséabond, celui-là même, qui lui valut son nom de Mephitis, et qui de plus, peut être dangereux pour les yeux !

Je me gardais, donc, de tout mouvement qui put paraître agressif,mais, nullement gênée, elle vint flairer l'extrémité de ma chaussure. Je fermais les yeux, attendant qu'elle se retourne pour me vaporiser son musc... lorsque je les rouvris, elle avait disparu...

Sans doute, ma première véritable occasion d'apercevoir un Ours en liberté, fût-il Noir et d'Amérique, venait de s'envoler, comme ma Moufette rayée !

Dans les Parcs Nationaux Européens que je visitais ultérieurement et où il reste encore quelques Ours bruns, je n'eus guère plus de succès : dans les Abbruzes, sous la Camosciara, je dus me contenter d'un tronc à l'écorce lacérée par des griffes puissantes, à Plitvice, en Yougoslavie, de « fumées » teintées aux airelles, dans les Pyrénées, d'entendre conter la savoureuse aventure que Claude Berducou avait récemment partagée avec une Ourse.

Il me restait pour seule et unique consolation, la chance de compter, parmi mes amis, « l'homme qui a connu l'homme qui a tué le dernier Ours de Savoie » : Roger Girel.

Mais voici les faits tels que nous les lui devons ; autant dire, vue sa rigueur intellectuelle, tels que Cyrille Rosset alias « Gribouille » les lui rapporta :
« Ce matin là, (de 1920), il y avait au Pontet, dans la vallée du Gelon, de la neige : près de quatre-vingts centimètres. En mettant le nez dehors, j'eus la surprise de découvrir, tout près de la maison, des empreintes énormes, plus larges que le sabot d'un cheval !... En tentant de les suivre, je m'aperçus qu'elles longeaient d'abord le lit du ruisseau, puis empruntaient le chemin des Mouches avant de se perdre dans la pente très raide de la montagne, (...)

J'avais compris que j'avais affaire à une sorte de colosse encore inconnu dans notre haute vallée et je courus en avertir Pierre, mon frère, et aussi un copain Léon Pilet, autre chasseur acharné. (...)

D'un commun accord, nous décidâmes de nous lancer, sans perdre de temps, sur les traces du mystérieux animal.

Notre plan fut rapidement conçu : nous attaquerions l'animal sans chien, en « faisant les pieds », comme on va droit au gîte du lièvre par temps de neige. Mais il fallait solidement s'équiper, car l'approche risquait d'être longue. Nous fîmes une ample provision de cartouches de chevrotines et nous lestâmes nos musettes d'un copieux ravitaillement. (...) Bientôt nous fûmes tous les trois sur la piste. C'est avec d'énormes difficultés que nous parvînmes à escalader la pente abrupte qui conduit à la crête de la montagne d'où l'on domine la vallée de la Maurienne. L'ascension dura bien une bonne heure, et souvent nous dûmes utiliser nos cordes pour progresser.

Tout à coup, Léon Pilet, qui marchait en tête, vit surgir devant lui une étrange silhouette. C'était un Ours brun de belle taille et à l'épaisse fourrure toute ébouriffée. En un clin d'œil, il épaula et fit feu. Mais Ô stupeur, l'animal parant la décharge qui lui était destinée, fonça brusquement dans ma direction. Il me frôla, tel un éclair, avant que j'aie pu esquisser le moindre geste de défense. Faisant une brusque volte-face, je tirai à mon tour sur la bête qui était à vingt mètres de moi dans la descente. Nouvelle chute, nouveau rétablissement. Rechargeant nos fusils, nous fîmes feu tous les trois, à plusieurs reprises. L'Ours cabriolait dans la descente en perdant son sang en abondance. Parvenu au bord du ruisseau, il s'assit péniblement au pied d'un arbre et me regarda droit dans les yeux. Je le visai alors en pleine tête et il tomba foudroyé.

C'était une femelle d'une centaine de kilos, aux dents complètement usées. Nous l'attachâmes aussitôt avec nos cordes pour la tirer sur la neige jusqu'à ma ferme de la Culaz. Là, elle fut rapidement vidée, sous les yeux ébahis des curieux accourus de tous les hameaux du village. »

Mon objectif, en rapportant ce récit, n'est pas d'ouvrir ou de rouvrir un procès, fût-il d'intention. D'ailleurs, ces « faits historiques » seraient restés totalement dans l'ombre sans l'enquête minutieuse menée par Roger Girel. Au demeurant, le récit, dans son dénouement final, parle de lui-même et si, une soixantaine d'années après, il paraît moins glorieux qu'en son temps, il convient de le replacer dans le contexte des années vingt, alors que le « courant » de Protection de la Nature n'avait pas encore commencé à conquérir l'opinion publique dans notre pays...

Bien que cela ne puisse pas constituer de circonstances atténuantes par rapport à l'acte de braconnage en temps de neige, il est probable que « Gribouille » et ses compères ignoraient qu'ils traquaient, au bout de sa piste, le dernier Ours de Savoie, du moins le dernier Ours abattu, puisque Couturier rapporte le témoignage d'un sujet, sans doute erratique, observé en Haute Maurienne en 1927.

Il paraît plus instructif d'examiner les motivations qui ont « poussé » les trois compagnons dans cette aventure. En fait, le seul grief que l'on puisse véritablement retenir contre cette Ourse, c'est de s'être aventurée à proximité du hameau des Mouches et, de ce fait, de constituer une éventuelle menace pour le bétail et pour les humains...

Aujourd'hui, malheureusement, malgré l'acquisition de connaissances précises sur la biologie de l'Ours brun dans les Pyrénées ou sur celle de l'Ours noir en Amérique du Nord, certaines mentalités ont peu ou pas évolué ; si je me permets d'affirmer cela, c'est parce que je viens d'en avoir une preuve concrète en ce mois de juillet 1986.

C'est à nouveau au Québec, dans ce pays que j'aime tant, que les faits se sont déroulés. Nous étions dans le Bois, à une centaine de kilomètres de la « civilisation », non loin de la rivière Matawin. Durant la matinée, j'avais recherché et trouvé plusieurs témoignages de la vie de l'Ours, à proximité du lac Price : traces dans une tourbière à Sphaignes, fumées caractéristiques. Sur la piste du retour, je croisais un camionneur qui « ferma », tout heureux de pouvoir « jaser » avec un bipède de son espèce. Malgré son accent très prononcé, j'orientais la conversation sur l'Ours noir : « Ha, maudit ! Ils nous empêchent de dormir chaque nuit, tant ils font du vacarme avec les poubelles ! » Nous prîmes donc rendez-vous pour le soir même, au camp qu'était chargé de surveiller mon interlocuteur, en l'absence des bûcherons, partis, pour le week-end, goûter de citadins plaisirs.

Le camp des bûcherons était constitué de « mobile homes » dont l'un faisait office de cuisine/garde-manger, c'est celui-là qui drainait les Ours de la contrée, ainsi que la présence d'un grand fût métallique dans lequel étaient réunies les ordures.

Le fameux bidon ayant été placé sur la benne d'une camionnette, nous prîmes place à la nuit tombée, dans nos « chars » respectifs placés juste en face, et attendîmes onze heures, qui représentaient, au dire du gardien, l'horaire précis du dîner des Ours.

L'heure dite approchait, cependant nous étions incrédules d'autant que le collègue Québecois fumait nerveusement une cigarette, la fenêtre de son véhicule restée grande ouverte... De notre côté, les plaisanteries commençaient à fuser un peu trop haut. Notre attention était quasiment suspendue, lorsqu'un fracas de bidon métallique retentit du côté de la camionnette : était-ce un nouveau « joke » ? Pas du tout, une silhouette, à dire vrai plus petite que celle que nous avions prévue, s'agitait autour du bidon, celle d'un Ourson de l'année précédente !

Cependant, ce qui constituait pour nous, malgré ces circonstances « artificielles », une heureuse « première », faillit tourner au drame : le Canadien arma promptement une carabine et épaula l'animal. Pris au dépourvu, je tentais d'allumer les phares de notre voiture, mais lançais incidemment le démarreur. Cela suffit bien entendu à faire disparaître le « fauve » dans la nuit...

L'incident avait dissipé les derniers scrupules de notre hôte et, malgré un regard de reproche, il nous avoua vouloir abattre un Ours pour justifier simplement, aux yeux de son employeur, qu'il s'acquittait bien de sa mission, y compris durant la nuit ! ! !

Il avoua également que, depuis le début du chantier de coupe, soit une quinzaine de jours, ses collègues étaient parvenus à en tuer quatre à la carabine et à en capturer deux autres au piège ; les dépouilles ayant été dissimulées, à l'aide d'une pelle mécanique, dans le « bûcher », afin qu'elles disparaissent aux yeux des patrouilles de gardes.

Certes, le statut de l'Ours noir en Amérique du nord n'est pas « rendu » au seuil critique de celui de l'Ours brun en Europe de l'Ouest et ses effectifs actuels peuvent tolérer un prélèvement cynégétique raisonné. En aucune manière cependant, ce grand prédateur gourmand ne pourra longtemps supporter une telle intensité de braconnage, car il n'y a pas d'illusions à avoir, l'exemple que nous venions de rencontrer ne constitue pas une exception ! A ce rythme, on peut se demander combien d'années nous séparent du jour où un « Gribouille », plus naïf que méchant, se lancera, au nom du salut public, sur la trace du dernier Ours sauvage ; il est bien difficile de le prévoir !

Pour l'heure, les petits enfants des cinq continents, bercés par d'innombrables fables, se pressent aux portes des jardins zoologiques qui, à Québec où deux petits Ours noirs grimpent pour le plus grand bonheur de ces gamins, au faîte d'un arbre mort, qui autour de la cage exiguë du Parc de la Tête d'Or. Là, cependant, au fond d'une fosse profonde et bien barricadée, trois grands Ours blancs déambulent d'un bord à l'autre en balançant leur tête comme des métronomes.

Entre la prison et l'embuscade, ne peut-on pas ménager quelques arpents de notre planète où l'Ours, quelle que soit sa couleur, puisse vivre, en paix, sa vie d'Ours. Le Panda devenu l'emblème de la Protection de la Nature montre en fait qu'il demeure quelques espoirs !

L'Ours brun

Qu'ils concernent : le Loup, le Lynx ou encore l'Ours, les processus de régression des grands prédateurs sont, hélas, toujours identiques.

A l'origine, l'espèce est largement répandue, comme peuvent en témoigner ses restes fossiles nombreux, son taux de reproduction élevé compense, certes avec des fluctuations, les pertes d'effectifs, qu'elles soient naturelles ou du fait de l'homme.

Ensuite, des campagnes "d'éradication" ainsi que des bouleversements profonds dans le milieu, par ouverture et fragmentation, la raréfaction des proies usuelles, réduisent considérablement son aire de répartition potentielle et ses populations.

L'espèce se trouve, bientôt, disséminée en secteurs-refuges, isolée, et seuls subsistent quelques individus.

Finalement, du fait de l'impossibilité de communication entre ilôts, des circonstances fortuites (ou volontaires), contraires aux exigences de l'espèce, l'amènent à disparaître, de localité en localité, puis à s'éteindre irrémédiablement si rien n'est expressément mis en œuvre pour la sauvegarder.

Ce schéma s'applique particulièrement à l'Ours brun qui possédait originellement une aire de répartition prodigieuse : presque la totalité de l'hémisphère boréal : Europe, Asie, Amérique et même Afrique du Nord.

Ce même Ours brun se trouve, aujourd'hui, repoussé dans les contrées les plus sauvages des continents eurasiatique et nord-américain. En Europe, où on ne le classe plus qu'en une seule espèce malgré son polymorphisme, son statut va de "mal en pis" du Nord au Sud, et d'Est en Ouest ; une fois n'est pas coutume : les "Latins", vis-à-vis de lui, ont réussi à se montrer les plus intolérants !

En Scandinavie et particulièrement en Finlande du Nord, l'espèce est bien représentée ; il en va de même en Russie blanche, ainsi que dans toute la chaîne des Carpates, où globalement ses effectifs ont tendance à s'accroître.

Au Sud du Danube, sa situation reste "assez confortable", en Bulgarie et en Yougoslavie, il est permis de penser que ses populations se maintiennent.

C'est en Espagne, en France et en Italie que se rencontrent les cas de figures les plus préoccupantes ; ceux où l'on observe les "noyaux isolés" avec, le plus souvent, chute des effectifs en direction de seuils critiques : nous tenterons d'en analyser les causes directes et indirectes.

Mais, préalablement, essayons de suivre à "pas de loup" - à "pas d'ours" semblerait trop bruyant bien que ce soit une idée reçue - Jean-Michel Parde sur les "coulées" des derniers Ours bruns du Luchonnais.

La "bête" y est devenue si rare qu'il est impérieux de savoir identifier les moindres indices de sa présence, non seulement les plus spectaculaires, ceux qui ont fait - et qui font parfois encore - crier "haro" sur le voleur de miel ou plus ordinairement croqueur de brebis égarées à la lisière d'un bois : empreintes de pas moulées dans la neige et la glaise, ou encore, arbres griffés à vif.

Parmi les témoignages les plus "subtils" que Jean-Michel s'est attaché - il conviendrait de dire acharné - à découvrir, nous citerons : certaines pierres retournées, pouvant dépasser parfois la masse de quatre-vingts kilos, avec pour motif de laper quelques fourmis, les "laissées" de couleurs et de formes variables selon les saisons et conséquemment la nourriture ingérée ou, de simples poils de jarre, longs, fins, et crantés, subtilisés par un roncier. Il aura fallu, dans certains cas, une vingtaine d'excursions, pour un même versant de vallée, afin de "dénicher" l'un ou l'autre indice de sa présence.

L'Ours est, en effet, si peu observable du fait de sa rareté, mais aussi de ses mœurs nocturnes, que seul ce jeu de piste pour Sioux chevronné, d'une durée de quatre années, pouvait permettre d'appréhender sa répartition, sa biologie alimentaire, ses rythmes et domaines d'activités, ainsi que ses "rapports" avec l'homme de façon à essayer de préconiser un plan de sauvetage de l'espèce qui passe avant tout, cela n'est pas spécifique à cet "hermite des forêts", par le respect de ses biotopes.

Quatre-vingts pour cent des témoignages de présence ont été recueillis entre 1 200 m et 1 800 m d'altitude dans les Pyrénées, soit dans l'étage montagnard de végétation revêtu, ici, de la hêtraie-sapinière. La cote de 1 600 m correspond à la fréquence maximale d'indices, et tend à prouver que l'Ours a été contraint de se réfugier dans des milieux écologiquement moins favorables que ses sites ancestraux. En Yougoslavie, dans le Parc National de Plivice, "la bête par excellence de la forêt primitive", comme la qualifie si bien Robert Hainard, "hante" des hêtraies vierges où, aux côtés d'arbres géants dressés, gisent des troncs ruinés par les siècles, cédant le pas aux framboisiers et aux sorbiers.

Contrairement à bien des idées reçues, l'alimentation de l'Ours brun, qui d'ailleurs se trahit, au travers de

Un plan de sauvegarde de l'Ours brun est en cours d'élaboration dans les Pyrénées : une lueur d'espoir...

sa dentition de carnivore-omnivore, est, en grande partie basée sur la consommation de végétaux : plantes et tubercules. A ce propos, les analyses coprologiques pratiquées systématiquement à partir des "laissées" récoltées, tout au long de l'année, ont révélé que les plantes herbacées sont consommées en abondance au début de la belle saison, alors qu'à l'automne, les fruits charnus comme les airelles, les framboises ou les sorbes, accompagnés de leurs feuilles, jouent un rôle de premier ordre.

Durant l'été, une source de nourriture plus surprenante encore a pu être mise en évidence dans les Pyrénées centrales, elle concerne certains résineux comme le Sapin blanc ou l'Epicéa. Après avoir ôté, à l'aide de ses griffes, des plaques d'écorce pouvant atteindre un mètre de hauteur sur cinquante centimètres de largeur au total, l'Ours ronge la couche des vaisseaux conducteurs de la sève, ou liber ; celle-ci s'est révélée contenir en abondance des sucres comme le glucose ou le fructose ; après tout, on n'est pas si loin que cela du miel !

Il serait cependant vain de nier qu'à l'occasion, notre Ours a un faible, à l'approche de la mauvaise saison, en particulier en octobre, pour l'alimentation carnée.

Dans ces conditions, qu'y a-t-il de plus "alléchant", lorsque les mammifères sauvages sont devenus rares et pour cause, de vouloir croquer, par exemple, un mouton, surtout si le berger fait défaut et que la brebis a pris la malencontreuse initiative de s'aventurer en lisière de forêt !!!

La progression du cheptel d'Ongulés sauvages, comme le Chamois - il faudrait dire l'Isard, nous sommes en Langue d'Oc - ces dernières années, laisse cependant augurer, pour l'avenir, à condition qu'on lui "prête vie", un retour à un régime plus "écologique". A ce propos, lorsqu'a sévi une épidémie de kératoconjonctivite sur le Chamois, certains Ours, usant de leur bon droit d'équarisseur, ne se sont point fait prier !

En tout état de cause, la proportion du régime carné a été, par le passé, notablement surestimée, puisqu'on sait maintenant qu'elle concerne moins du quart de l'alimentation et que, partant, la proportion de végétaux est de plus des trois quarts.

Les insectes, quant à eux, comme les fourmis, peuvent être qualifiés de "gourmandise" et entrent pour dix pour cent, au plus, dans le régime alimentaire général.

Mais arrivons aux facteurs directs de la raréfaction de l'Ours brun en Europe occidentale du Sud !

Nul doute que, de longue date, la menace des troupeaux domestiques a été le motif essentiel, pour

ne pas dire le "prétexte", de battues administratives, en particulier durant la seconde moitié du XIXe siècle.

Cependant, selon certains gardes de cette époque, ces battues constituaient plutôt des "excursions en montagnes terminées par des bamboches".

On peut d'ailleurs se demander si le Sanglier n'aurait pas, de nos jours, pour son malheur, revêtu la peau de l'Ours ???

Plus meurtrières étaient les initiatives privées de chasse à la trace par temps de neige, de façon à rejoindre l'animal et tenter de l'abattre.

Cette pratique était, somme toute, illégale et force était de faire appel aux élus pour proclamer des "dégâts posthumes", le délit était ensuite pardonné, et même, le plus souvent, les "héros" étaient récompensés par une quête effectuée dans les villages alentour. Ainsi encore, en 1949, un Ours a été abattu en Barousse, puis exposé publiquement, une collecte aura permis de rembourser l'amende infligée aux chasseurs !

Peut-être plus pernicieux sont les empoisonnements effectués à l'aide des carcasses d'animaux attaqués par l'Ours, et préparées à la strichnine dans la perspective de son retour, la nuit suivante. Cette méthode que l'on penserait issue, tout droit, d'une fable du moyen-âge, n'est peut-être pas totalement passée de mode ! De toute façon, pour détruire, l'imagination ne semble avoir guère de limite, usant, ici du collet en câble d'acier, là du traquenard constitué de deux canons de fusils orientés dans une "coulée" ou encore de la fosse à Ours qui sévissait davantage, il est vrai, dans les Alpes !

Parmi les causes indirectes de régression de l'Ours, qui d'ailleurs facilitent amplement les pratiques d'agression directe, il convient de retenir, en premier lieu, l'ouverture de routes et de pistes forestières et pastorales, ou encore aux fins de desserte des stations de sports d'hiver.

Ces voies nouvelles de communication tendent, de plus en plus, à pénétrer les secteurs restés quasiment vierges, jusqu'ici, ceux-là mêmes qui faisaient office de territoires-refuges.

En outre, la "déprise" agricole a entraîné le déclin des vergers et des cultures vivrières qui offraient des nourritures d'appoint, parallèlement, la multiplication des résidences secondaires oblitère de façon croissante les espaces naturels tout en augmentant la pression de dérangement par le développement d'activités nouvelles de loisir, comme le ramassage des baies et des champignons.

On pourrait encore prolonger la liste : fermeture de clairières, engins tous terrains... mais le constat dressé paraît suffisamment explicite et la recherche de solutions plus constructive.

Au préalable, une sensibilisation du public et des usagers de la montagne comme les éleveurs, sur la véritable "personnalité" de l'Ours brun, paraît nécessaire et urgente !

De la part des pouvoirs publics, une condescendance hésitante à l'égard de l'espèce ne peut suffire ; il importe que les dégâts dûment constatés continuent, comme cela a été pratiqué seulement ces dernières années, à être indemnisés largement : le patrimoine faunistique que constitue l'Ours brun dans les Pyrénées a une valeur plus que nationale, et il aura cependant fallu attendre 1958 pour que sa chasse soit interdite !

Néanmoins, toutes ces actions seraient vaines, comme le simple fait de déclarer, sur une liste officielle, l'espèce protégée, si ses biotopes ne sont pas scrupuleusement épargnés.

Aussi, et comme cela se pratique dans la plupart des pays d'Europe soucieux de sauvegarder cette espèce prestigieuse sinon légendaire, il conviendrait de mettre en œuvre un plan de gestion de l'espace, avec une règlementation d'autant plus stricte que l'on aborde les secteurs les plus fondamentaux pour la biologie de l'animal, comme ceux qui incluent les tanières d'hibernation ou encore les zones de nourrissage des oursons. En examinant les exemples mis en place dans des pays comme la Yougoslavie, on remarque que la règlementation, selon les secteurs, porte sur les pratiques forestières, la fréquentation touristique, ou encore la création de Réserves Naturelles et de Parcs Nationaux.

Localement, des apports de nourriture, à l'aide de carcasses de boucherie, ont été entrepris afin de maintenir et de dénombrer les sujets, mais cela nécessite évidemment que les problèmes de braconnage soient maîtrisés ?

Grâce à Jean-Michel Parde et à d'autres naturalistes, comme Jean-Jacques Camarra ou Claude Berducou, un plan de sauvegarde des ours est en cours d'élaboration dans les Pyrénées, avec prioritairement le souci d'intégrer aux espaces protégés existants comme le Parc National des Pyrénées occidentales, les secteurs "clés" pour la biologie de l'ours, secteurs qui, jusqu'à présent, échappaient à tout statut de protection.

Osons voir en cela une lueur d'espoir pour l'Ours brun, c'est à peu près son ultime chance, car dans d'autres pays, les expériences de réintroduction ont presque toujours constitué des échecs !

Ours brun en "semi-liberté" dans le Parc d'Hosquillo, en Espagne.

LE TORRENT DE NEUVACHETTE

La Neuvachette : plus qu'un simple lit de roches et de racines, plus qu'une eau sauvage et pure, un univers peuplé de vies et de mystères.

Sous les pierres, de bien curieuses créatures : des petits tubes confectionnés de minuscules cailloux multicolores qui abritent des larves dodues de Trichoptères.

Un pont de rondins par dessus les eaux grondantes et écumantes.

Nul doute que, très jeune, l'amour de la nature et de la vie avait germé en moi. Jusqu'à dix ans pourtant, j'avais eu assez peu d'occasions, hormis dans le bois Vidal, qui s'embroussaillait derrière la maison, d'être confronté avec la Vraie Nature.

Les aléas de la vie allaient contraindre cette année-là mon père de me faire garder, durant l'été, et, plutôt que de m'envoyer en colonie de vacances, il arrangea bien les choses pour que je sois accueilli chez des cousins à Valloire.

C'est ainsi qu'"enfant de bonne famille", je transhumais, sans autres formalités, de mon monde douillet Aixois, à celui rude mais combien riche des montagnards !

C'est qu'Adeline et Jean ne résidaient pas au cœur du village, mais en un hameau distant, à l'époque, de vingt minutes à pied : celui de l'Archaz. Leur demeure était la première en arrivant, celle qui affichait deux gros yeux et qui, suprématie, faisait office de cabine téléphonique ; la seule, en cela, à être reliée à la "civilisation".

Sous leur toit, il y avait Georges et Jean-Pierre, leurs deux garçons, une chèvre qui répondait, quand elle en avait le temps, au nom de Belin, une petite chienne Diane, et quelques poules, les génisses, elles, étaient montées en alpages avec l'Italien, sous l'Aiguille Noire à Chouris.

Adeline, qui incarnait la bonté, ouvrant sa porte et son cœur à qui était dans le besoin, était une maîtresse femme, les joues couperosées, les cheveux tirés et roulés en arrière, son tablier à carreaux pour essuyer ses mains de labeur, dirigeait sa maisonnée d'une voix ferme.

Jean, lui, coiffé du matin au soir de son petit chapeau, un mégot de maïs roulé au coin des lèvres, affichait toujours, quelle que soit sa tâche, une pointe de malice dans ses yeux bleus.

Pour l'heure, je n'osais pas trop m'aventurer seul, autrement que pour dégringoler à Valloire par le sentier acheter une couronne chez Rapin, et le journal au Café-Epicerie-Tabac ; j'en éprouvais d'ailleurs peu le besoin, les hommes partaient tôt au-dessus de Geneuil, faucher et confectionner les barrillons qui, une fois achevés, étaient suspendus, sur le câble pour qu'ils aillent sauter directement dans la grange. Un coup de caillou asséné sur le long serpent de fer indiquait, à la réception, l'imminence d'un de ces bolides aériens que je guettais "grandir" jusqu'à la dernière seconde !

A deux pas de la maison, coupant le sentier d'accès, un ruisselet dispensait une eau suffisamment généreuse pour pouvoir entraîner une roue à aubes, que Jean avait réalisée pour tourner sa baratte.

J'admirais, sans éprouver le besoin de lui donner un nom, cette énergie douce qui se perdait sous des touffes de Menthe à l'odeur exquise. Assez vite, malgré tout, cette invention et cette rigole ne suffirent plus à distraire ma "soif" de Nature, car, au loin, dans les profondeurs des gorges, grondait un torrent infiniment plus mystérieux et impétueux : la Neuvachette.

Le jour vint où Jean me fit franchir ce torrent sur un pont précaire de rondins, pour aller "faire" du bois dans le mélèzin d'en face, il ne pouvait se douter à quel point j'allais être marqué, hypnotisé par ces eaux grondantes et écumantes. Jusqu'à la fin de mon séjour, ma voie venait, en effet, d'être tracée, comme celle d'un Saumon obstiné : remonter encore et toujours le courant, franchir les cascades jusqu'à atteindre les méandres de la Plagnette, les sources cachées là-haut dans les éboulis de l'Aiguille Noire.

Pauvre Adeline, combien de soucis j'allais lui causer du fait de cette obstination !

L'exploitation systématique débuta tout naturellement par la section du torrent la plus proche, celle comprise entre Geneuil et Valloire, à la fois la plus rapide, en raison de la pente accentuée, mais aussi la plus sauvage, puisqu'elle se cachait dans la forêt.

Outre le pont de rondins, pour gagner l'autre berge, il était, à cause du débit, impérieux de forcer l'un des secrets naturels du torrent. L'un d'eux consistait en un Mélèze dont la souche avait été sapée et qui gisait obliquement en travers du lit : le tronc écorcé par les intempéries, savonné par les embruns, procurait un mode périlleux de traversée. C'est en le franchissant, le derrière humide, en l'embrassant de toutes mes forces que je fis ma première connaissance avec un hôte habitué de la Neuvachette. Je le pris tout de suite pour une "souris" en mal d'existence, qui voulait, par la noyade, mettre fin à ses jours, cependant, après s'être sans plus de remords plongé dans l'eau glacé, je le vis ressortir de l'onde pétillante, aussi serein qu'avant son bain, trottant menu parmi les Mousses et les Hépatiques, le poil sec et soyeux, ni trempé, ni collé comme on pouvait s'y attendre.

Ce n'est que plus tard, lorsque je me mis à inventorier les petits mammifères de montagne, que je liais connaissance et amitié avec la Musaraigne aquatique. Je découvris alors seulement ses pattes et sa queue munies de franges de cils pour l'aider à courir sous l'eau en quête de son dîner raffiné de crustacés et de larves aquatiques.

Cette réapparition quasi-surnaturelle me fit réaliser que la Neuvachette était plus qu'un simple lit de roches et de racines, plus qu'une eau sauvage et pure, un univers peuplé de vies et de mystères.

La baignade étant un luxe, je me dis que ma Musaraigne devait avoir d'autres motifs que les loisirs pour fouiner, sans combinaison ni tuba, dans des eaux aussi froides.

Je me mis donc à chercher, parmi les gouilles, sous les cailloux, ce qui avait pu motiver ce petit museau pointu !

La première pierre, je ne pus la décoller, mais la seconde, après avoir trempé une chaussure, je réussis à lui mettre le ventre en l'air, et à découvrir de bien curieuses créatures.

Tout d'abord, des petits tubes confectionnés de minuscules cailloux multicolores ; ces fourreaux abritaient des larves dodues au ventre jaune ou blanc, parcouru de branchies. Certains étuis étaient droits, d'autres plus fins et arqués. Ces Trichoptères ou Phryganes, selon les régions, répondent au nom vernaculaire de Gazet, Porte-pierres, Traîne-buches...

Du même Ordre, mais non carapaçonnée d'un fourreau, une larve griffue à l'abdomen bleu-vert luminescent usait non de lest pour résister à l'entraînement des eaux, mais d'une nacelle tissée de soie.

Ondulant prestement dans le film humide retenu sur la pierre, des petits "monstres" cuirassés cherchaient à s'évader en tous sens. Baptisées Pataches, ces larves de Perles et d'Ephémères, grâce à leur profil, peuvent rester plaquées contre le substrat et résister également au courant.

Pour tous ces futurs insectes, il convenait au mieux d'éviter la dérive, car les appétits insatiables des Truites, au détour de chaque trou, sont aussi menaçants que les multiples dents acérées de la Musaraigne aquatique.

Dois-je avouer que, dans les jours suivants, je réinventais avec la complicité de Jean, qui me prêta pour cela son matériel, le supplice du pal pour quelques-unes de ces malheureuses larves ?

Epinglés, tour à tour, sur un hameçon, pataches puis gazets furent "offerts" aux Arcs-en-ciel que le torrent généreux avait rendues grasses et saumonées.

Ni ma rencontre inopinée avec l'Aspic qui "hantait" les ruines des Diseurs, ni le violent orage que j'essuyais sous le chalet des Selles, et qui "m'initia" au bruit insolite des abeilles, ne réussirent à venir à bout de mon obstination.

Chaque journée, le périple reprenait, offrant sa moisson d'histoires naturelles, celle-ci, sur les mœurs reproductrices de la Grenouille rousse, celle-là sur le mode de pêche hardi du Cincle plongeur.

Après la grande fête du Quinze Août, les journées devenaient presque trop courtes pour aller explorer minutieusement, au delà de Chouris, les sources dissimulées dans les clapiers. Bientôt, le petit ramoneur de ruisseau dut redescendre le cours de la Valloirette, jusqu'à Saint-Michel, celui de l'Arc jusqu'au Pont Royal, et de là, se séparer pour une longue année scolaire de la dernière goutte d'eau de la Neuvachette.

Le ruisselet dispensait une eau suffisamment généreuse pour pouvoir entraîner une roue à aubes, que Jean avait réalisée pour tourner sa baratte.

Plus que de simples souvenirs nostalgiques d'adolescent, cet été là, grâce à Adeline et Jean, à la silhouette de l'Aiguille Noire, et, bien sûr, au torrent de la Neuvachette, venait de décider de ma vocation : Etudier et Protéger la Nature et plus particulièrement la Montagne et ses eaux de cristal.

Puis-je, du fait de ce passé, faire preuve de toute l'objectivité nécessaire à un scientifique en examinant, aujourd'hui, l'un de ces documents que l'on a coutume d'appeler : une Etude d'Impact ; vous devinez celle qui concerne justement les projets d'aménagements hydro-électriques de la Valloirette et de la Neuvachette.

Cette "étude" m'apparaît, au fil des pages, sous son maquillage de graphiques et de chiffres, d'une insapidité, pour ne pas dire d'une inconsistance désolante, elle conclut bien entendu (il importe de savoir que non seulement le pétitionnaire a le choix du bureau d'étude, mais qu'en tout état de cause, il demeure "maître" des conclusions du rapport, en d'autres termes, qu'il est juge et partie !) à la compatibilité entre : les contraintes "imposées" par l'environnement naturel des torrents et les équipements projetés des micro-centrales !

Je ne m'appesantirai pas sur la validité des propos scientifiques qui, pour ne citer qu'un exemple, démontrent à l'issue d'une pêche électrique d'une dizaine de Truites, que la population piscicole est équilibrée..., pour en venir au chapitre des compensations avancées pour pallier l'impact des ouvrages.

Au titre de ces "compensations" figurent les débits réservés, ce qui pourrait être considéré comme une plaisanterie s'il n'était pas proposé, noir sur blanc, d'octroyer quelques litres au fond du lit de la rivière, pour compenser le détournement de la presque totalité des eaux. Comme si, pour utiliser une comparaison outrancière, on vous offrait dix centimes pour vous dédommager du vol de votre portefeuille.

Ces marchandages sont d'ailleurs assortis de montages photographiques pour témoigner que les amputations, en définitive, ne seront pas si traumatisantes que cela.

Supercherie ou inconscience, ce document, qui d'ailleurs n'est pas le pire du genre, est extrêmement révélateur du peu de scrupules avec lequel notre société consommatrice dispose de ce que l'Homme n'a pas créé : la Nature.

Pour l'heure, le projet est "enterré" non par égard pour l'un de nos derniers torrents savoyards, vierge de tout trafic, mais parce qu'un propriétaire riverain n'a pas, lors de l'enquête, donné son accord pour la réalisation de la conduite forcée.

Ne soyons pas trop pessimistes, il reste sans doute du temps encore, en passant par le Grand-Galibier, pour faire halte à Valloire et se refraîchir l'esprit, sinon le corps, le long du cours bondissant de la Neuvachette à l'ombre des Mélèzes ou au détour de l'un de ses méandres qui serpente là-haut sous l'Aiguille Noire !

Les Musaraignes

Musaraigne, musaraigne tout le monde connaît ce nom curieux, en tout cas, dans nos campagnes où la ''mezette'' est une sorte de ''souris'' au museau pointu, que messieurs les chats capturent mais ne condescendent pas à croquer...

Si, pour une fois, nous mettions un peu notre nez, il faudrait presque dire notre trompe, tant cet appendice est développé chez ces Insectivores, dans ce petit monde perpétuellement fébrile des Musaraignes. C'est un peu plus compliqué qu'il ne paraît, de prime abord, car si toutes (Crossopes, Crocidures, Pachyure...) possèdent un petit air de famille (celui des Soricidées) il n'existe pas moins d'une dizaine d'espèces en France dont, parmi elles, le plus petit représentant des mammifères d'Europe : le Pachyure étrusque qui, s'il vous plaît, ne dépasse guère deux grammes chez l'adulte. Rien qu'en Savoie, nous avons affaire à une demi-douzaine de Musaraignes différentes !

De mœurs généralement crépusculaires, se chamaillant, à grands renforts de cris suraigus au plus fort d'une végétation épaisse et humide, les Musaraignes, hormis celles qui, à l'automne, n'hésitent pas à pénétrer jusque chez nous, n'offrent guère le loisir d'être convenablement observées.

Aussi pour mener enquête, dans cet insatiable milieu de croqueurs d'insectes aux multiples dents acérées et parfois rougies de ''sang'', nous avons dû recourir à deux modes différents de filature : le premier a consisté à analyser les pelotes de réjection des rapaces nocturnes, comme celles de la Chouette effraie, qui peuvent contenir jusqu'à 30 % de Musaraignes parmi les restes de proies. Le second, rendu nécessaire, en altitude, lorsque les Effraies finissent par faire défaut, est plus direct mais demande, en revanche, quelques précautions puisqu'il fait appel à des petites trappes à bascule où, toujours en quête de protéines animales, attirées par le fumet d'un bout de lard ou de jambon, nos Musaraignes, tôt ou tard, se retrouvent captives.

Stress, froid, manque de nourriture auraient vite ''raison'' de ces locataires d'infortune si les pièges n'étaient très souvent visités.

Alors hâtons-nous de les relever ou, pour plus de sagesse, examinons, en premier lieu, notre lot de pelotes fraîchement ''cueilli'' dans une grange ou un clocher !

Puisque les résultats de nos investigations n'échapperont point aux lois statistiques, il y aurait fort à parier que nos premiers ''témoins'' se prénommeront : Musaraigne musette et Musaraigne carrelet.

La Musette est celle que, peut-être, vous avez trouvé un jour, fouinant sans pudeur dans votre poubelle, alors qu'à l'extérieur, l'hiver commence à rendre la vie dure ''au petit monde de poils et de plumes''. C'est qu'en effet Dame Musette est la plus familière de nos Musaraignes.

Dos uniformément gris brun, dents entièrement blanches, la Musette s'identifie assez facilement aux quelques grandes soies qui parsèment sa queue.

Cette Crocidure est commune dans nos vallées depuis les bords du Rhône, et dans toute la Combe de Savoie, où elle remonte les versants jusqu'à Saint-Jean-d'Arvey. Elle fréquente aussi le massif des Bauges puisqu'elle a été identifiée à proximité d'Ecole.

Si elle s'aventure en Basse Maurienne jusqu'à La Chapelle et en Basse Tarentaise jusqu'à Saint-Marcel au moins, dans chacun des cas, lorsque l'altitude excède 1 000 m, la Musette nous ''tire sa révérence''.

Inversement, la Musaraigne carrelet peut être considérée comme la championne du ''tout terrain'', des marais du lac du Bourget à la frontière italienne, soit : de l'étage collinéen de végétation, à la limite supérieure de l'étage alpin. Elle a, en effet, été capturée, au-dessus du refuge du Carro, à l'altitude surprenante de 2 850 m. Toutefois, dans cette diversité de biotopes, demeure la présence constante d'une végétation hygrophile. Sont-ce ses dents émaillées de rouge-brun qui lui ont valu la réputation d'être agressive vis-à-vis de ses congénères, ou le fait que sa salive soit venimeuse ? Toujours est-il que son odeur forte rebute les carnivores qui la tuent parfois, mais ne la consomment point !

Ayant de nombreux traits de caractère et de physionomie, communs avec ceux de la Carrelet, à l'exception, bien entendu, de ses dimensions réduites qui lui ont valu son nom, la Musaraigne pygmée est également ubiquiste et peut s'observer jusqu'à 2 000 m d'altitude : c'est ainsi que je l'ai capturée à proximité d'Entre-Deux-Eaux.

De fait, moins fréquente ou plus difficile à prendre, pour le trappeur comme pour le rapace, nos données concernant la Musaraigne pygmée sont généralement moins nombreuses que celles qui concernent son ''aînée'' : la Musaraigne carrelet. S'agissant du même genre (Sorex) que les deux espèces précédentes, il convient de signaler que la Musaraigne alpine, malgré

"Dame" Musette est la plus familière de nos Musaraignes.

son nom qui pourrait la laisser croire répandue en montagne, n'a jamais été identifiée, jusqu'ici, en Savoie et en Haute-Savoie, elle n'est connue que de deux stations : Argentière et Samoëns.

Plus spécialisée, plus grande, de couleurs franchement contrastées entre le dos ardoisé et le ventre d'hermine, j'oserai dire, plus belle encore, voici la Musaraigne aquatique avec ses pattes et sa queue munies de franges de cils pour l'aider à courir sous l'eau en quête de son dîner raffiné de crustacés et de larves aquatiques. Lorsque ses exigences écologiques sont satisfaites, soit lorsque les abords des étangs, ruisseaux, torrents conservent un caractère suffisamment sauvage, la Musaraigne aquatique peut être représentée, en faibles effectifs certes, mais jusqu'à l'altitude de 2 000 m.

Qu'est-il advenu d'une de mes premières "conquêtes" effectuée sous le refuge de l'Orgère maintenant que Electricité de France a détourné le ruisseau du Povaret ?

Anthropophiles comme la Musette, ubiquistes comme la Carrelet et la Pygmée, au contraire, spécialisées pour la pêche, comme l'Aquatique ou leur rarissime "cousine" de Miller, les Musaraignes tour à tour proies pour les rapaces et dévoreuses insatiables de larves d'insectes, de vers et de mollusques, jouent, à n'en pas douter comme le précise le récent Atlas des Mammifères sauvages de France, "un rôle non négligeable dans l'équilibre des écosystèmes naturels".

Sans doute devrions-nous avoir un peu plus d'égard pour ces insectivores miniatures combien plus efficaces et inoffensifs que les poudres et autres granulés que nous répandons à grands frais sur nos cultures !

Les Vipères

Après avoir franchi la passerelle, au-dessus du torrent impétueux, je pressai le pas, car le ciel devenait de plus en plus plombé, en direction de l'Aiguille Noire et les demi-rayons de soleil qui filtraient encore dans mon dos se faisaient étrangement incisifs ! En passant, à proximité d'une ruine, aux Diseurs, je perçus très distinctement un souffle puissant dans lequel semblait se mêler de la crainte et de la hargne. Je découvris, à moitié dissimulée, sous une lauze du toit écroulé, un grosse Vipère, dans sa robe brique sillonnée d'anthracite, qui redressait sa tête en posture de menace.

Je lui sus gré de m'avoir alerté car j'avoue que, si les serpents me fascinent, au même titre que les autres bêtes sauvages ; je n'apprécie guère, lorsqu'ils viennent, à l'improviste, « me culpabiliser » en filant sous mes pieds, sous prétexte, par exemple, que je flanais à cueillir des framboises, au retour d'une longue escapade en montagne.

Cette même fin d'après-midi, j'aperçus, encore, trois autres Vipères aspic, avant d'atteindre le Chalet des Selles ; il était temps, à peine avais-je poussé la porte que le ciel fut lacéré, au-dessus de la Sétaz, d'une immense étincelle couleur de cyclamen, puis de grosses gouttes de pluie chaudes se mirent à marteler, de plus en plus vite, la toiture de tôle.

Avant de pouvoir trouver mon sommeil, l'image de la grosse Vipère vint me narguer, à plusieurs reprises, avec son museau retroussé, sa pupille fixe et verticale. C'était, en effet, la première fois qu'une vipère m'était apparue aussi déterminée. Toutes les autres s'étaient, jusqu'ici, déroulées avec nonchalance, leurs marbrures dorsales paraissant, avec le défilement des dessins, se mouvoir plus prestement que le corps lui-même, sans bruit elles s'étaient évanouies, happées par l'anfractuosité la plus proche. Sur la commune de Valloire, plus encore que dans le Vallon de la Neuvachette, c'est dans le fond de la Lauzette que j'avais observé de nombreuses Vipères ; j'avais même réussi à en immobiliser plusieurs, avec une badine fourchue pour « contrôler » leur identité, il s'agissait bien d'Aspics ; toutes, quelles que soient leurs couleurs, appartenaient à cette espèce reconnaissable, à son museau aplati et retroussé et ses deux rangées de petites écailles, entre l'œil et les grandes plaques de la lèvre supérieure. Je n'ai jamais réussi, jusqu'à présent, à découvrir la Vipère péliade en Savoie, ce qui n'est d'ailleurs pas si surprenant attendu que l'Aspic est présent quasiment partout et que des études conduites en Loire-Atlantique ont montré, que les deux espèces s'excluaient mutuellement.
Quand j'affirme que l'on rencontre l'Aspic un peu partout, ce n'est pas pour le goût de faire peur, c'est une simple réalité, car on peut aussi bien observer ce reptile, en plaine, sur le talus d'une voix ferrée, qu'en cueillant du Muguet à la Dent-du-chat ou encore en plein massif des Bauges. Il semble, et cela étonnera peu de monde, qu'il soit beaucoup plus abondant sur les adrets que sur les versants exposés au Nord. Ainsi en Vanoise, on surprendra plus fréquemment l'Aspic en Maurienne, en rive droite de l'Arc qu'en Tarentaise, en ubac.
J'ai souvenir d'en avoir recherché, à proximité de Bessans, avec mon ami Henri Gonthier, sur les tas de pierres rassemblées au milieu des prairies afin de faciliter la fauche, nous avons pu ainsi observer sept sujets en moins de deux heures.

En altitude, elle « grimpe » au- dessus de Bonneval ; Raoul Balmot a capturé une Vipère, à la Feiche, à 2400 m d'altitude. En Tarentaise, j'en ai même observé une sous le col des Thurges, à 2 650 m.

La plupart des individus sont zébrés de brun-foncé, sur un fond allant du gris-beige au rouge-cuivre. Certains sujets, en montagne, qualifiés de Mélanique, sont aussi noirs et luisants que du goudron, je n'ai pu réussir à photographier une telle Vipère à Méribel, car elle s'était introduite sous le mur d'un des Chalets du Mottaret.

Même en montagne, lorsque les conditions météorologiques le permettent, dans les pentes convenablement exposées aux rayons du soleil, les Vipères peuvent sortir de leur léthargie hivernale dès le mois d'avril, les mâles plus précocement d'environ quinze jours que les femelles. C'est ainsi qu'à Pâques, dans le talus qui borde la rive droite de la Neuvachette, à hauteur de l'Archaz, j'ai observé une Vipère qui cherchait manifestement à glaner quelques calories, alors qu'alentour, les prairies, moins bien orientées, étaient encore couvertes de neige.

A l'opposé dans la saison, la quête de la chaleur indispensable pour assurer la thermorégulation de tous reptiles, peut se prolonger jusqu'au début du mois d'octobre . J'ai rencontré, à cette époque, une Vipère de taille très honorable — elle devait dépasser soixante-dix centimètres — en allant « cueillir » de l'eau à la source située sous le chalet de la Croix des Ecuries, dans la haute vallée de Champagny. Le soleil ayant basculé derrière la Grande-Casse, jugeant l'animal engourdi, je me suis enhardi à le saisir par le bout de la queue et à le remonter vers le chalet afin de le

La couleuvre vipérine avec sa pupille ronde.

Vipère aspic, avec son museau retroussé, sa pupille fixe et verticale.

L'Aspic fréquente les milieux arides, mais ne dédaigne pas cependant la proximité des lacs et des torrents.

présenter à mes collègues ; En d'autres circonstances, si le spécimen avait été plus vif et plus petit, ce qui va de pair, je n'aurais peut- être pas été aussi téméraire.

Je conçois que l'on puisse avoir du mal à tolérer ces animaux à proximité immédiate d'une habitation, surtout lorsque de jeunes enfants sont susceptibles de venir y jouer. La réaction de crainte, sinon de panique, qu'éprouvent certains adultes n'est sans doute pas innée ; il a ainsi fallu, qu'un jour, mon père me dissuade d'attraper une Vipère alors que nous grimpions à la Dent-du-chat : j'avais tout juste six ans !

Ce que je trouve parfaitement stupide et cruel, par contre, ce sont les actes de destruction, si ce n'est de mutilation, gratuits auxquels se livrent certaines personnes en pleine « cambrousse », persuadées ensuite de devoir être décorées d'une médaille pour acte de courage et œuvre de salut public. Il y a d'ailleurs fort à parier que ces mêmes « pourfendeurs de Satan », n'ont pas pris la précaution de s'assurer si le monstre combattu n'était pas une inoffensive Couleuvre qui, pour son grand malheur, ressemblait, plus ou moins à une Vipère ; je pense en particulier à la Coronelle lisse qui fréquente les mêmes milieux arides que l'Aspic et, aux bords des plans d'eau de basses altitudes, à la Couleuvre vipérine.

La Coronelle lisse s'aventure en altitude également ; deux sujets mutilés m'ont été rapportés de la région de Moutiers par Jeannette Sollier ; quant à André Miquet, il a observé une Coronelle lisse au-dessus de Villaroger, à près de 2 000 m d'altitude, dans une Rhodoraie à Genévriers.

En Maurienne, l'espèce se rencontre jusqu'à Termignon au moins, puisque Jean François Dalix, un collègue du Parc de la Vanoise, m'a confié un sujet de cette espèce qui avait été tué à côté du Pont du Villard. Ces quelques cas cités sont sans doute dérisoires par rapport au nombre de bévues qui doivent être commises ; celles-ci sont peu excusables, car si la Coronelle lisse offre une livrée dont la couleur peut se rapprocher sensiblement de celle de certaines Vipères, sa ligne beaucoup plus svelte et sa queue longue et effilée ne peuvent autoriser la confusion. De plus, bien que ces détails soient moins facilement observables en pleine nature, chez la Coronelle lisse, la

L'aquatique Couleuvre vipérine qui, pour son malheur, ressemble plus ou moins à une vipère.

pupille est ronde comme chez les autres Colubridés et l'œil est grimé d'une bande sombre depuis la narine jusque sur le cou.

Sur les rives du lac du Bourget et le long du Canal de Savière en particulier, j'ai entendu toutes sortes de sornettes à propos de la « Vipère d'eau » qui, entre autres superstitions, ne peut mordre que si sa queue repose sur le fond ? Ce « démon aquatique », outre le fait qu'il arbore parfois des marbrures zigzagantes comme l'Aspic, a la fâcheuse coutume, lorsqu'il est inquiété, de modifier le contour de sa tête, grâce au jeu de ses mandibules, ce qui la fait figurer plus triangulaire. Ce mimétisme, « pour impressionner », a dû coûter la vie à plus d'une Couleuvre qui, malgré sa spécificité de vipérine, est parfaitement inoffensive.

Son goût prononcé « pour la baignade » — j'en ai observé une posée sur un fond caillouteux à deux mètres de profondeur, au lac d'Annecy, sous le Roc de Chère — n'a d'autre motif que son régime alimentaire constitué de poissons ou de batraciens à l'occasion.

On pourrait à la rigueur, et bien que je ne sois pas de cet avis, accorder des circonstances atténuantes à ceux qui enfreignent l'arrêté du 24 avril 1979 sur la protection des reptiles, au sujet de la Coronelle lisse et de la Couleuvre vipérine, par contre je serais enclin à réclamer « la bastonnade » — procédé aussi primitif que leur comportement — pour ceux qui s'acharnent sciemment à tuer de la sorte nos grandes espèces de Couleuvres comme la bien nommée Verte et Jaune qui dépasse un mètre cinquante de longueur ou pis, la Couleuvre d'Esculape qui peut atteindre deux mètres.

En dehors du fait que ces reptiles sont dépourvus de pattes, je ne vois rien en effet, dans leur taille ni même leur « habit », qui puisse laisser un soupçon de doute sur leur venimosité ! Ce serait « avaler des Couleuvres » encore plus grosses que de croire qu'on puisse les confondre avec des Vipères.

De toutes façons, le meurtre d'une Vipère pour légitime défense, dans combien de cas se justifie-t-il ? la réponse est évidente : pratiquement jamais et il y a certainement plus d'accidents, dans notre pays, avec les Hyménoptères, tels que les Guêpes qu'avec les Vipères... Alors laissons un peu taire le poids de la mythologie !

BESSANS

OU LE BAGUAGE DES PASSEREAUX

L'échappée pleine de promesse de la Vallée d'Avérole, sous le glacier encore étincelant de Charbonnel.

*Au hasard
des captures,
la délicate Mésange
à longue queue.*

*Détricoter l'oiseau
avec délicatesse
demande beaucoup
de dextérité !*

Il est des amis pour qui loisirs et activités professionnelles ne se dissocient jamais pleinement ; Marc Bethmont est de ceux-là : sa passion pour la biologie est telle qu'il ne peut concevoir de se déplacer, fût-ce pendant les vacances, sans emporter dans sa "musette" l'un ou l'autre attirail du parfait naturaliste.
Au hasard, conte-t-il, d'une randonnée en montagne, hasard doublé des aléas inhérents à l'autostop, il fut déposé, avec Catherine alors étudiante, comme lui, en sciences-naturelles, au fin fond, ou presque, de la vallée de la Maurienne, précisément sur la place du village de Bessans.

Ils espéraient secrètement parvenir jusqu'au pied du Col de l'Iseran, mais, cette fin de journée d'août, un peu lourde, ne les incitait plus à poursuivre, d'autant qu'ils découvraient, peu après la sortie du village, sur la droite, l'échappée pleine de promesses de la vallée d'Averole, sous le glacier encore étincelant de Charbonnel.

C'est là qu'ils se dirigèrent donc, en quête d'un gîte agréable et retiré.

Longeant quelque temps le torrent, avant d'atteindre le pied du versant tendrement habillé de mélèzes, ils parvinrent dans une sorte de clairière ceinturée de haies d'Aulnes blancs et de Saules, plus exactement dans un joli petit bocage d'altitude comme il n'en subsiste plus guère.

Marc eut tôt fait de constater que ce milieu, semi-ouvert, avec ses arbustes et ses prairies grasses à Renouée bistorte, non encore toutes fauchées, constituait un refuge idéal pour le petit monde des oiseaux, et que ceci allait lui offrir l'attrait supplémentaire qu'il souhaitait pour camper.

Avant même de se préoccuper de monter la modeste toile chargée de les protéger de la rosée du lendemain, Marc se mit à fouiller dans les poches latérales de son vieux sac à dos, en quête d'un curieux écheveau de coton noir.

En examinant cette crinière de plus près, on commençait à comprendre qu'il s'agissait, en réalité, de filets et, avec un peu d'imagination, qu'ils étaient conçus pour capturer les petits oiseaux du ciel.

La préoccupation suivante consista, pour Marc, à se procurer des gaules afin de tendre ces filets le long des haies, si possible dans la pénombre, où ils devenaient presque invisibles. En une bonne heure de travail, il installa ainsi, avec Catherine, les quatre pièges dont il disposait, chacun confectionné de quatre nappes de huit mètres de long et de trois mètres de hauteur au total.

Il arrangea ensuite, sur une potence sommairement fabriquée, un arsenal insolite où l'on pouvait noter : une paire de ciseaux, un réglet, un petit peson à ressort muni d'une nacelle, une pince crocodile, des petites bagues métalliques de différents diamètres enfilées comme des perles, enfin, une dizaine de petits sacs de toile qui ressemblaient à ceux que nous cousions, étant gamins, pour serrer nos billes.
Satisfait de ce gibet, il sortit son carnet de terrain et un bout de crayon qu'il tailla à l'aide de son canif.

C'est seulement lorsqu'il eut fini ces préparatifs, et parce qu'il disposait d'un peu de temps libre, qu'il planta sa toile de tente et effectua l'inventaire des vivres de course.

Lorsqu'une heure ensuite fut écoulée, après la mise en place du quatrième filet, il effectua la première ronde d'inspection, rééditant, presque au même lieu, l'itinéraire qu'avait effectué son ami Hubert Tournier, quelques années auparavant. Sans s'en douter, il venait d'officialiser ce qui allait, au fil des années, devenir le traditionnel camp de baguage d'oiseaux de Bessans.

Dans les deux premiers filets, il ne releva rien, sans doute était-ce encore trop tôt après le trouble occasionné par toutes ces installations. Dans le troisième filet, par contre, il y avait une capture déjà, et Marc reconnut tout de suite, aux rectrices blanches, qu'il s'agissait d'un Pinson des arbres. Il le détricota avec délicatesse, les petites griffes tout d'abord, puis finalement la tête qui, passée au travers d'une maille, demandait beaucoup de dextérité. Dans le dernier filet, il trouva une

Fauvette des jardins et une Rousserolle verderolle qu'il mit, l'une et l'autre, au contraire du Pinson relâché sur place, dans un petit sac de toile. Pour ces deux passereaux inscrits au Programme National de Recherches Ornithologiques, il convenait maintenant de sacrifier aux exigences de la Science, c'est-à-dire de subir les différentes épreuves affichées sur la potence.

La première consistait, à l'aide du réglet, à mesurer la longueur totale de l'aile, donnée aussitôt communiquée à Catherine afin qu'elle soit consignée minutieusement dans le carnet de terrain ; le dynamomètre entrait ensuite en scène afin que le volatile, introduit bec premier dans la nacelle, se trouve pesé ; dans un troisième temps, par souci de connaître ses réserves adipeuses, il était nécessaire de lui souffler sur le bréchet. Ayant satisfait à ces trois examens, intervenait la récompense suprême : l'octroi d'une bague numérotée et référencée à l'adresse du Muséum d'Histoire Naturelle de Paris, bague ajustée à la mesure, il va de soi, de la patte du sujet grâce à la pince crocodile.

Ne restait plus qu'à lui rendre sa liberté avec l'espoir qu'un jour, il croise un autre filet...

Cette éventualité, malgré tout, demeure assez faible, ne serait-ce que parce que le nombre d'ornithologues habilités à pratiquer la capture et le marquage de passereaux est, pour des raisons évidentes de protection, strictement contrôlé ; en Savoie, en dehors de Marc, seul Hubert Tournier, enseignant en biologie à l'université, dispose également de cette responsabilité ; en France, au total, ils sont moins de trois cents à posséder ce privilège !

On peut être en droit de se demander quelles sont les raisons qui motivent ces pratiques et tout le cérémonial qui y est associé, ce d'autant que la quasi-totalité de ces oiseaux est protégée.

Les principales, on s'en doutait, sont d'ordre scientifique, en effet, pour la quarantaine d'espèces inscrites au Programme National de Recherches Ornithologiques : essentiellement des Turdidés (Merles et Grives) et Sylvidés (Fauvettes et Pouillots), on ne dispose toujours pas, à l'heure actuelle, de suffisamment de données relativement à leur biologie et à leur écologie. Par ailleurs, l'anonymat de ces oiseaux est tel - rien ne ressemble plus à un Gros bec qu'un autre Gros bec - qu'il est impossible, sans recourir au marquage et à la recapture, de connaître, par exemple, leur parcours de migration.

Sur ce point, parmi les centaines de passereaux attrapés et bagués à Bessans par Marc et par Hubert, oiseaux appartenant à une cinquantaine d'espèces différentes, seuls quelques rares sujets ont eu l'honneur et le privilège d'être repris : mais jugez plutôt de l'intérêt !

Le sort de deux Merles noirs, numérotés en septembre 1970, s'est joué pour le premier, un an plus tard, en Italie, à Saluzzo au nord de Cuneo ; quant au second, sa villégiature en Corse a été brutalement interrompue, par quelques plombs, en mars 1975, soit quatre années et demie après, à Nessa, petit village situé à l'Est de Calvi au cœur de la Balagne.

Plus spectaculaire encore est le devenir de deux Rouges-gorges, espèce souvent considérée comme sédentaire, mais dont une fraction des populations est migratrice ; l'un deux a été repris dans la région de Cadix, aux confins de l'Espagne, à Ubrique, soit à quelques kilomètres seulement du détroit de Gibraltar, il avait en très peu de semaines franchi plus de mille quatre-cents kilomètres ; quant au second, il est allé terminer ses jours, en janvier 1971, en Algérie, à Bouïra, non loin de Tisi Ouzou, en Grande Kabylie.

Il ne faudrait pas, cependant, laisser entendre que tous ces petits coureurs d'aventure sont issus de notre région, certains parmi eux ne font que transiter par Bessans ; c'est ainsi que le 24 août 1974, Marc eut la chance de contrôler un Pouillot de Bonelli, qui avait été marqué douze jours auparavant en Allemagne, dans la station de ski fameuse de Garmisch-Partenkirchen.

Ce Pouillot, avec tout juste ses huit grammes de poids, avait déjà parcouru plus de trois cents kilomètres par dessus les Alpes.

Indépendamment de cela, le marquage est une technique susceptible d'apporter des éléments nouveaux à ce que l'on nomme aujourd'hui la dynamique des populations, laquelle fait appel à des

critères aussi difficilement mesurables que le taux de mortalité ; on peut voir pour l'Etourneau sansonnet, espèce envahissante s'il en est une, tout l'intérêt que ces techniques apportent pour la compréhension des phénomènes de compétition.

En dehors de ces aspects purement scientifiques, il ne faut pas négliger tout l'intérêt pédagogique que peuvent revêtir, à condition qu'elles soient menées aussi dans cet esprit, ces campagnes de marquage.

Je sais Marc, tout comme Hubert, attachés à cela, et je les vois encore, entourés d'un essaim d'enfants, expliquant qui le gros œil du Gobemouche adapté à la chasse des insectes à l'affût, qui les petites taches dans le bec d'une jeune Rousserole afin de solliciter la nourriture de la part des adultes.

Mais attention, que ce soit à des fins pédagogiques ou strictement scientifiques, il convient de ne pas perdre de vue que de telles pratiques ne vont jamais sans faire encourir aux individus capturés un minimum de risques, ne serait-ce que du fait, chez les plus petits, de leur métabolisme si élevé que quelques heures de privation de nourriture finiraient par les épuiser, voire les tuer, si le temps devenait maussade. La sagesse veut, dans ces cas là, que l'on mette ses filets en berne !

De plus, il y a toujours des impondérables sur le terrain, quand ce ne sont pas des "petits profiteurs" comme à Bessans où, cet été, nous avons trouvé, lors d'une tournée de contrôle, un Pinson inerte et, à la tournée suivante, sous le même filet, une plumée : Dame Belette ou Dame Hermine avait dû trouver, à sa dent, le garde-marger que nous avions constitué ! Dans un autre cas, ce fut un Epervier qui, attiré par une Grive litorne, est venu, sans dommage pour lui, heureusement, se prendre dans un filet. Alors, redoublons de précautions, car il serait vraiment regrettable que ceux-là mêmes qui se piquent d'étudier et protéger l'avifaune contribuent à la perturber.

A condition qu'ils demeurent, les petits oiseaux n'ont certainement pas fini de nous faire rêver, nous, adultes, quand ils reviennent, au printemps, chargés des chants et de la lumière des pays du soleil : Corse, Italie, Espagne, Algérie... Et pour l'enfant à Noël, le nez collé à la vitre givrée, y a-t-il plus beaux jouets qu'une Mésange bleue, suspendue la tête en bas, martelant hardiment de son petit bec une boule de margarine ?

Pour cela, il ne suffit pas que dans notre pays, les passereaux figurent sur une liste d'espèces protégées, encore faut-il que leurs milieux, dans toute leur diversité, soient eux aussi préservés et, dans les pays où la plupart vont chercher asile, ne faut-il pas que soient remplies les mêmes conditions ?

Page précédente : Outre son intérêt scientifique, le marquage revêt un incontestable intérêt pédagogique.

Comment identifier un Gros-bec d'un autre Gros-bec sans recourir au marquage ?

Les Pics

Le Noir est le plus grand, l'Epeichette de loin le plus petit. Le Vert est le plus connu, le Cendré l'un des plus discrets. L'Epeiche est le plus largement répandu en altitude, quant au Tridactyle, le plus rare puisque les seules et uniques observations réalisées dans notre pays l'ont été précisément en Savoie. Voici croqués à grands "trous" nos Pics, oiseaux riches en couleurs qui illustrent, au mieux, des concepts d'écologie tels que : niche, compétition, vicariance...

Chacune de nos espèces use, en effet, de milieux différents ou, à défaut, lorsque plusieurs d'entre elles cohabitent dans un même environnement, un verger par exemple, elles exploitent des niveaux ainsi que des sources de nourriture différents, "évitant" d'entrer en concurrence au sein d'une même niche écologique. C'est ainsi que le Pic noir fréquente, chez nous, les grandes forêts de Hêtres et de Sapins que l'on rencontre à l'étage montagnard, également les pessières. C'est bien souvent la découverte des cavités spectaculaires, allongées, pratiquées par ce Pic, en quête de fourmis charpentières, qui trahit sa présence. J'ai souvent aussi noté ce géant des pics (quarante-cinq centimètres) à ses "kru, kru, kru" typiques émis en vol, en particulier dans les secteurs encore sauvages des massifs subalpins de la Chartreuse et des Bauges comme le Vallon de Bellevaux. Une autre de ses manifestations sonores m'a, un jour, permis de l'observer de fort près : c'était dans la forêt d'Isertan au-dessus de Pralognan. L'idée saugrenue nous était venue, avec mon frère Philippe, d'imiter, à l'aide d'une herbe tendue entre les deux pouces, le "klieu" prolongé qu'émet l'oiseau posé. Après quelques "couacs" d'ajustement, un son juste fit, à notre grande surprise, se plaquer, contre un des troncs d'arbres les plus proches, le bel oiseau noir coiffé de son béret rouge. Nul doute qu'il était venu relever le défi lancé sur son propre territoire par l'intrus. Cependant, son œil d'or eut tôt fait de dévoiler la supercherie et, à notre regret, il s'éclipsa de son vol pesant et ondulé. Rien de tel, par contre, ne m'est arrivé afin d'observer, dans des milieux identiques ou plus haut en montagne, lorsque la forêt s'éclaircit, le rare et peut-être plus encore discret Pic tridactyle. Sa "côche", pour employer le terme des initiés, reste l'une de mes convoitises de naturaliste. Je sais gré, tout en lui en voulant un peu, à mon ami Henri Gonthier de n'avoir jamais voulu m'indiquer, de façon précise, le site de son Pic tidactyle, celui-là même qui figure dans les atlas. Un désir est souvent plus beau qu'une réalité, et sans vouloir faire une parodie de la fable du "Renard et les Raisins", il se trouve que notre tridactyle est le moins contrasté de la confrérie des Pics bigarrés... J'ai d'ailleurs pour me consoler, dans un tout autre milieu, puisqu'il s'agit des rives du lac Léman, eu le privilège d'entendre (ses cris de goret sont suffisamment caractéristiques pour ne pas se méprendre) et de voir un autre Pic bigarré fameux : le Pic mar.

Noir, blanc et rouge, le paroxysme de l'élégance est atteint chez le Pic épeiche.

Mais de tous, le moins exigeant, en d'autres termes, le plus ubiquiste, à condition bien entendu qu'il demeure quelques arbres, c'est le Pic épeiche : son "kik" de sécateur, largement dispensé, le trahit partout, de la plaine jusqu'en limite supérieure de la forêt dans l'étage subalpin. Noir, blanc et rouge, le paroxysme de l'élégance est atteint : quelle intensité que ces heures passées, camouflé dans la haie de charmilles de la propriété familiale de Pégy, à observer les rondes des adultes venant nourrir leurs jeunes, têtes de velours peignées de rouge, émergeant une

Un jeune Pic épeiche émerge du trou, pour réclamer sa pitance avec véhémence.

après l'autre du trou pour réclamer leur pitance avec véhémence.

Contournant avec circonspection le tronc orné de lierre, puis le gravissant par saccades, prenant appui avec la queue, les adultes apportent force nourriture, qui une cerise pincée dans le bec, qui une brochette de pucerons arponnée sans ménagement avec un morceau de feuille découpée à l'emporte-pièce. C'est, en outre, ce régime éclectique qui permet au Pic épeiche cette souplesse dans le choix des milieux. Rien de tel pour la "réplique" miniature qu'est l'épeichette (treize centimètres), qui se cantonne, lui, aux basses altitudes parmi les branches ténues des arbres feuillus où il capture de menus insectes et larves sous les écorces. Cette adaptation aux fines ramures lui épargne ainsi la compétition avec les autres Pics. Notons, d'ailleurs, que Pic vert et Torcol cherchent volontiers à terre leur nourriture dans laquelle les fourmis entrent pour une large part.

Bien que d'adaptations semblables dans le mode de grimper, de capturer les proies, de communiquer à l'aide du tambourinage... il n'en demeure pas moins que chaque espèce, à partir du schéma "Pic", a pu (su), au gré de l'évolution, se spécialiser à un habitat et une nourriture donnés. Merveille des merveilles, dans le nouveau monde, chacune ou presque de ces espèces trouve son homologue (espèce vicariante).

C'est ainsi que le cousin d'Amérique du Pic vert est le Pic doré, que celui du Pic épeiche est le Pic chevelu, celui de l'épeichette, le Pic mineur.

Devant tant d'ingéniosité, ne devrions-nous pas essayer de freiner le réflexe quasi conditionné de la tronçonneuse, déclenché à la simple vue d'un arbre ? Cessons pour le moins de croire que la mort d'un arbre est le résultat des trous de Pics : c'est, à l'inverse, parce que l'arbre était parasité et affaibli, que les Pics l'ont occupé.

L'ORGÈRE

Sous l'aiguille Doran,
les Mélèzes en fête.

Trappe en bois et trappe métallique utilisées pour la capture et l'étude des petits mamifères sauvages.

De mœurs habituellement discrètes, difficile à capturer, le Muscardin profite, dans les fines ramures, des premiers rayons du soleil printanier.

Je ne sais guère apprécier un prénom pour lui-même, pour sa musique, je ne peux m'empêcher de le transposer sur un visage, un être cher ou parfois mal aimé. Un nom de lieu, de la même manière évoque, pour moi, des images, des couleurs, des parfums ou, simplement encore les espèces animales que j'ai pu y rencontrer.

L'évocation de l'Orgère, par exemple, malgré son éthymologie qui provient, paraît-il, des cultures de céréales que l'on pratiquait au fond de ce vallon, fait naître spontanément dans mon esprit, des silhouettes de nobles Pins cembro, la fuite éperdue d'un Ecureuil dans la neige, des cris moqueurs de Casse-noix ou, lorsque les ombres achèvent d'escalader l'Aiguille Doran, le hululement tremblé d'une Chouette de Tengmalm.

Ce cortège de fétiches, qui se dispute pêle-mêle « l'affiche » de l'Orgère, n'émane pas d'une seule visite mais constitue plutôt les souvenirs-cadeaux principaux, glanés au cours de nombreux séjours d'étude ou de récréation. En arrière plan, lorsque je m'attarde davantage, j'entrevois, plus ou moins dissimulées, d'autres images concrètes mais fuyantes comme les eaux de cristal du Povaret et, parmi elles, les clichés de mon premier séjour au refuge du Parc taillé dans les quartzites.

Juillet 1970 s'effilochait, les « aoûtiens » n'allaient pas tarder à conquérir les hauteurs..., pour ma part, engagé comme guide-naturaliste à Pralognan, il me revenait de prêcher, en Tarentaise, l'Accenteur alpin et la Violette éperonnée aux visiteurs du Parc de la Vanoise. Par-dela, le col de Chavière, Hélène Durand, étudiante également en Biologie, devait assurer de semblables homélies aux touristes venus découvrir la Haute-Maurienne.

Il nous arrivait d'échanger au téléphone les « tristesses » de notre petit métier les : « A quelle heure ouvre le Parc ? » ou « Quand donne-t'on à manger aux animaux ? ». Cependant, l'un comme l'autre avions envie de découvrir l'amphithéâtre naturel dans lequel officiait son homologue.

C'est pourquoi, mettant à profit l'accalmie du moment, je pris mon courage à deux jambes et mon sac à dos bleu. Je sautais dès l'aube du bas-flanc de Montaimont et, sans même accorder un coup de jumelles aux pentes sauvages et grandioses qui encadrent le Doron de Chavière, je me retrouvais au col, sur la crête frontière de la Maurienne.

A partir de là, chaque caillou, chaque brin d'herbe étaient nouveaux ; j'entendais ne pas en perdre une miette...

De Traquet motteux en Lagopède, de Renoncule des glaciers en Myosotis nain, je parvenais aux rivages d'émeraude du lac de la Partie puis, dédaignant le chemin « officiel », je me coulais, le long du ruisseau du Povaret, jusqu'au refuge de l'Orgère.

Le ventre creux, je poussais, peu avant midi, la porte du bâtiment d'où s'évadaient les fumets d'un ragoût de mouton. Dans le réfectoire, les couverts étaient déjà dressés ; je frappais avec discrétion à la porte vitrée de la cuisine ; Michel Sorezina, le gérant, décoiffait la grande marmitte de ragoût pour l'exciter de la pointe, bifide de sa pique ; l'humeur, en cet antre, n'était point à la nostalgie ! Hélène qui « donnait la main » aux heures de pointe posa son torchon et rajouta une assiette et surtout un verre sur la table... Nous échangions, sous l'effet du Vermouth, la façon de concevoir nos projections de diapositives lorsqu'un « client » arriva consterné en tendant, au Maître des fourneaux, un malheureux volatile orangé qui avait, comprit-on, percuté une baie vitrée. « Le choc a dû être bien terrible » reconnut Michel « il s'est même tordu le bec », il tenta bien, mais en vain, de lui redresser les mandibules ; Malgré le tragique de la situation, nos regards se croisèrent avec Hélène et nous éclatâmes de rire car, en fait, la défunte victime était un Beccroisé des sapins, heureusement nombreux alentour à égayer les Pinèdes de leurs kip kip, kep kep incessants.

Lorsque le visiteur, indigné de notre frivolité, eut pris congé, nous eûmes droit à un Génépy-maison avant d'aller saluer les locataires clandestins du refuge.

Tout d'abord dans les sous-pentes du toit où, une Chouette de Tengmalm, avait élu domicile, afin d'abriter sa progéniture plus confortablement que dans un classique trou de Pic-noir. Je mis à profit cette aubaine pour cueillir les quelques pelotes de réjection qu'elle avait égarées, non par souci de propreté mais par simple curiosité de connaître l'identité des petits rongeurs qui grignotaient dans la contrée. Je n'ignorais pas cependant les difficultés que j'allais rencontrer en pratiquant ces dissections car, du fait de sa taille modeste, notre Tengmalm broie menu les os de ses victimes.

A propos de rongeurs et compagnie, Michel Sorezina souhaitait justement m'entretenir de ceux qui furetaient dans sa cave et qui compromettaient la conservation des pommes, des noix et autres « fruiandises ». Au vu de traces de dents signées sur une Reinette et aux crottes qui dénonçaient, le long d'un mur, l'itinénaire favori de nos cambrioleurs,j'avançais l'hypothèse de Lérots cependant, étant donné l'altitude de 1935 m du refuge, je préférais m'en tenir à des suppositions et, pour garder ma crédibilité, dus promettre de revenir un jour, armé d'un arsenal de trappes de tous modèles.

A force de m'entendre affubler du titre de « Trappeur professionnel » durant les années qui suivirent cette première visite à l'Orgère, je dus m'incliner et jouer les piègeurs-piégés. Je dois avouer, en réalité, que cette « contrainte » était devenue utile autrement que pour satisfaire l'instinct de vengeance de mon ami gérant attendu que, dans l'intervalle, était né le projet d'Atlas des Mammifères sauvages de France. Ainsi j'allais pouvoir faire d'un piège deux coups et même trois puisqu'un tiers chercheur souhaitait disposer de spécimens de rongeurs pour ses études de caryotype.

Juin sonna enfin la retraite des lambeaux de névés, maculés d'ocre-rouge, qui tapissaient le fond de la combe, à proximité des ruines du Fournet.

En montant, de St Antoine au Pré du Col, je ne pus m'empêcher de m'arrêter, à plusieurs reprises, pour admirer les champs de Narcisses qui ondulaient comme des frises d'écume sous la brise.

Cependant, parvenu à l'Orgère, j'eus beau tendre, avec soin, plusieurs lignes de trappes à bascule, dans les prairies à Crocus, la Pinède d'Arolle, le long du Sentier Ecologique, les blocs à Rhododendrons et sur les rives du Povaret, je fus pratiquement bredouille à l'exception d'un gros Campagnol des neiges qui accepta, pour l'honneur, de se laisser enfermer dans un des pièges en bois, tendu dans le talus, juste sous le refuge.

Les trappes de la cave n'ayant pas eu davantage de succès, j'eus toutes les peines du monde à faire taire les sarcasmes du gardien en lui expliquant qu'au sortir de l'hiver, en montagne, les populations de petits Rongeurs et de Musaraignes, ont des effectifs pratiquement réduits à néant, hormis les quelques rares adultes qui ont survécu et à partir desquels, se reconstitueront, en quelques semaines, les différentes populations.

Je revins donc, à l'Orgère début août, avec tout mon barda : mes pièges métalliques à bascule de type I.N.R.A., ceux en bois et les sytèmes Chauvency qui se montent sur des boîtes de conserve. Michel, malgré son scepticisme, me céda pour appâter mes engins, du lard pour les Insectivores, des pommes et des noix pour les Rongeurs.

Cette fois-là, je dus faire plusieurs rondes de nuit, car le succès de capture dépassa toutes mes espérances.

Des Lérots, malgré leur frimousse grimée et leur queue en pinceau, j'eus peu de peine à en démasquer, non seulement dans la cave mais aussi dans une murette au-dessus du refuge et entre les gros blocs qui tangentent le Sentier Ecologique.

Dans ces mêmes milieux rocheux, j'identifiais également plusieurs Campagnols des neiges, très dignes avec leur pardessus gris et leurs longues moustaches.

J'eus, par ailleurs, le bonheur d'attraper, sur les berges du Povaret deux jolies Musaraignes aquatiques que je relâchais bien vite afin qu'elles retournent croquer « leur pesant » de crustacés.

Sous le couvert forestier, chaque fois qu'une petite porte de piège était close, je me méfiais, ignorant si j'allais avoir des démêlés avec un ressort de Mulot à gorge jaune ou, au contraire un docile Campagnol roussâtre.

Enfin, et ce ne furent pas les moindres captures, en prairie je pris moult Campagnols des champs et lorsque le milieu était plus humide, des Musaraignes carrelet.
Je gardais, non sans regret, de ces dernières espèces deux sujets destinés au laboratoire, par contre, je rendais la liberté à tous les autres après les avoir, comme Tartarin, présentés triomphalement à Michel Sorezina.

Quelques années ont passé ; j'accompagne, ce matin, une classe-verte de cours-moyen 1re année sur le Sentier Ecologique de l'Orgère. Ma fille Géraldine, qui est du petit groupe qui se bouscule sur mes talons, s'indigne avec ses amis que des Mêlèzes aient été coupés à l'intérieur du Parc. Je m'assois sur une souche et tente d'expliquer que les forêts sises à l'intérieur de la zone centrale — moins de 1 % — peuvent être exploitées dans le cadre d'aménagement forestier. Ici l'an passé, une coupe avait été marquée sans autorisation et il a fallu l'acheter à la commune afin d'éviter que des arbres centenaires soient abattus.

De même, un peu plus loin, au fond du Vallon, les enfants s'interrogent sur les travaux de percement d'une galerie sous l'Aiguille Doran.

Je leur montre, sur la carte, les limites du Parc de la Vanoise qui dès l'origine, en 1963, avaient « prévu » les captages, par Electricité De France, des ruisseaux du Povaret et du Saint-Bernard afin de drainer les eaux vers les barrages d'Aussois. « Et les Musaraignes aquatiques est-ce qu'elles vivront encore ? » s'inquiéte Valérie.

Ignorant la réponse, je réponds que E.D.F. a promis de tout bien remettre en ordre, qu'on ne verrait plus les traces du chantier !

Quelques arbres en moins, plus beaucoup d'eau au printemps, malgré tout, l'Orgère vit toujours et, petit à petit, les ruines du fond du vallon se relèvent fièrement. Sans doute nos enfants pourront-ils longtemps encore se promener « A l'ombre des Mélêzes » comme les invite Alfred Moulin, peut être même, les plus attentifs percevront-ils les cris des Casse-noix ou, pourquoi pas, le hululement d'une Tengmalm.

Le Casse-noix

Le Géranium des bois se rencontre, le plus souvent, dans les prés eh bien lui, le Casse-Noix, il ne mange pas de noix, tout simplement ! Il aurait mieux valu appeler cet oiseau le Casse-Noisettes, c'eut été plus joli et plus juste ou, Casse-Pignes, mais c'était moins élégant. Allons, ne soyons pas trop moqueur, il est tout de même qualifié, à juste titre, de « moucheté », ce qu'il est grandement sur le devant et bien qu'on remarque fréquemment, en vol, son derrière tout blanc. « Geai de montagne » nous situe mieux sa parenté, car, comme son homologue de plaine : le Geai des chênes, le Casse-Noix est un représentant de la famille des Corvidés. Cependant, contrairement à la plupart de ses « noirs cousins », le Casse-Noix n'est pas un opportuniste goûte-à-tout, bien au contraire, c'est un fin gourmet on ne peut plus spécialisé.

La race de Sibérie, comme les individus qui fréquentent les Vosges et le Jura, se délecte de noisettes ; quant à notre oiseau alpin, il ne goûte, dans le sud de ce massif, que les fruits de l'Arolle ou Pin cembro les trois quarts de l'année. Ceci est si vrai que, dans les Alpes externes, où n'existe plus cet arbre, il n'y a pratiquement plus de Casse-Noix ! C'est d'ailleurs dans le Vercors que l'espèce trouve l'extrême limite occidentale de son aire de répartition.

Le Casse-Noix a joui très longtemps d'une réputation de « nicheur mystérieux », c'est seulement grâce à l'opiniâtreté de Claude Crocq, dans les années 1970, qu'un peu de lumière a commencé à filtrer sur les mœurs reproductrices de cet oiseau.Combien de naturalistes, avant cela, pleins d'idées reçues, se sont enduits de résine — ce fut mon cas à l'Orgère — en grimpant, au mois de juin, de Pin en Pin, pour ne trouver que quelques amas de brindilles vides et, dans le meilleur des cas, affoler dans sa sieste un Ecureuil. On le sait maintenant, à cette époque, les jeunes ont quitté le nid depuis un mois, un nid élaboré, par le couple, à la mesure des rigueurs climatiques qui règnent en Mars vers 2 000 m d'altitude. Une coupe de brindilles de Mélèze d'environ trente centimètres de diamètre, maçonnée à l'intérieur d'un « enduit » de terre, puis, pour son isolation, garnie d'un matelas de copeaux de bois vermoulu et d'une couche de « Laine de Lichens » enfin, en son centre, pour accueillir douillettement trois ou quatre œufs, bleu-verdâtres, maculés de chocolat, un ultime écrin de foin.

Le Casse-noix ordinairement "braillard" devient fort discret au moment de l'élevage des jeunes.

La ponte a lieu fin Mars ou dans les premiers jours d'Avril ; Les oiseaux ne sont pas trop de deux pour réchauffer, durant dix-huit jours, les œufs alors que les bourrasques de neige sont encore de mise. Camouflés aux deux tiers d'un Arolle, tournés vers l'aval, à l'abri du tronc, les oiseaux peuvent se protéger de la bise glaciale. Le mâle, muni de plaques incubatrices, c'est là une autre originalité de la biologie du Casse-Noix, participe également à la couvaison.

A cette période, fin Avril, les Casse-Noix sont particulièrement furtifs et discrets ; on est loin des troupes braillardes, du plein été, lorsqu'ils continuent à nourrir leurs rejetons à l'extérieur des nids. Sur les cimes des Arolles plus le moindre cône, au sol, la neige souillée d'aiguilles de Mélèze ne laisse guère entrevoir de terrain libre, et ce n'est pas la température encore bien « frisquette » qui doit encourager les insectes et leurs larves à montrer leurs antennes au dehors. Comment dans ces conditions, ces diables de Casse-Noix parviennent-ils à subvenir à leurs propres besoins alimentaires et, pis encore, à ceux de leurs oisillons ?

Nous sommes, avec Maurice Mollard, garde du Parc de la Vanoise, à l'affût dans le Mélèzin clair qui s'accroche au pied de la Combe-à-barouette, à proximité du hameau de Polset. C'est là que Maurice, grâce à sa sagacité et aux descriptions détaillées que Claude Crocq a livrées à partir de ses investigations dans les Alpes du Sud, a réussi à localiser un nid occupé : une première pour notre région ! Nous observons, dissimulés, les va et vient discrets des Casse-Noix qui, contrairement aux Corneilles, ne charrient pas leur nourriture à la pointe du bec ; à chaque « aller » par contre, le dessous de leur cou apparaît distendu. C'est là, en effet, une nouvelle spécificité de nos oiseaux que la nature a pourvus d'une poche sublinguale. Tout près de nous, un Casse-Noix, de la cime d'un Mélèze, sauta au pied d'un Arolle et se mit en demeure de creuser une galerie dans la neige. Bien qu'à cet endroit, l'épaisseur du manteau neigeux ne fut que de quelques dizaines de centimètres — alors qu'à découvert, elle atteignait un bon mètre — l'oiseau dut travailler plus de dix minutes « d'arrache bec » pour achever de creuser cette galerie d'environ quatorze centimètres de large sur dix-huit de hauteur.

Ce travail fastidieux lui permit de « dénicher » cinq graines d'Arolle qu'il décortiqua soigneusement, à l'entrée du tunnel, en brisant chacune des coques en deux parties ; il emmagasina les graines dans son « porte-noisette » et disparut en quelques papillonnements d'ailes !

Malgré l'extraordinaire précision dont avait fait preuve l'oiseau pour exploiter l'une de ses cachettes, on pouvait s'interroger sur la « rentabilité » énergétique d'un tel comportement, surtout en plein hiver ?

En fait, on peut être « rassuré » : chaque adulte, mâle et femelle, lorsque cette dernière est délivrée par son conjoint des astreintes maternelles, peut récupérer les fruits de plus de dix cachettes par jour, chacune contenant encore, en moyenne, quatre à cinq graines d'Arolle. Le pourcentage de succès de récupération de ces provisions — tant que la neige n'excède pas 1,50 m à 2 m, hors du couvert de la végétation — est réellement surprenant, il atteint ou dépasse 80 %. De plus, notre Casse-Noix n'est pas ce que l'on peut appeler un fanatique des régimes hypocaloriques puisque, tant pour les noisettes que pour les pignes d'Arolle, la valeur énergétique de ces aliments atteint 6 700 calories par gramme. Un gramme, ce n'est jamais que cinq graines d'Arolle !

Il nous faudra attendre le mois de Juillet, époque où les cônes des Arolles commencent à mûrir, pour observer les Casse-Noix affairés à cueillir et dissimuler les précieuses graines.

La récolte n'est pas l'exclusivité d'un couple sur son territoire lequel, selon mon ami Hubert Tournier, couvre, en moyenne dix hectares en Cembraie pure. Pour « optimiser » cette récolte, vis-à-vis de concurrents potentiels : rongeurs ou oiseaux, et l'étaler durant tout l'été, la cueillette s'effectue en « communauté » depuis le bas jusqu'à la limite supérieure des arbres vers 2 300 m. Le stockage, quant à lui, s'effectue sur chaque territoire et nécessite la « mémoire » des propriétaires. Une fois le cône mûr cueilli, il est « dépecé » sur une forge : un rocher plat ou une souche ; les écailles sont arrachées à grands coups de bec et une trentaine de graines pourront être gobées et transportées sur le territoire où, par petits lots de cinq à huit, elles seront dissimulées au pied

Cà et là, germent des petits bouquets d'Arolle issus de cachettes "inexploitées".

d'un arbre à l'abri de la neige et recouvertes de mousse ou de lichen. Si, du fait de la fructification, la récolte a été médiocre ou moyenne, la presque totalité des stocks individuels — environ trente mille graines — sera consommée. Si, au contraire, la fructification a été exceptionnelle, ce qui advient tous les six ou sept ans, et bien que la totalité des cônes soit également récoltée, les stocks ne pourront être épuisés. Dans ce dernier cas, l'été suivant, pourront germer çà et là des petits bouquets d'Arolle issus des cachettes « inexploitées ».

L'Arolle offre donc, en définitive, le gîte et le couvert à notre « Geai des neiges » ; celui-ci, « en retour », assure sa régénération, voire son extension comme en témoignent certaines touffes d'Arolle, hors de la Cembraie, dans un Mélèzin ou une Pessière ; cela n'a pas empêché cependant le Casse-noix d'être longtemps « rangé » dans le grand sac bien commode des animaux nuisibles !

La Chouette de Tengmalm

La neige fraîche accumulée en congères sur la route rend le parcours plus fastidieux que je ne l'avais imaginé. A peine parvenu à l'entrée du vallon de Polset, une étoile scintille déjà au-dessus de l'Estive.

A hauteur des carrières, la nuit froide d'avril achève lentement d'unir, en une même ombre, les silhouettes tourmentées des Pins et celles plus sévères des Epicéas.

Pas d'inquiétude cependant, la luminescence du manteau neigeux, sous le ciel constellé, laisse évidente la trouée de la route.

Dans un quart d'heure, au plus, je pousserai la porte de l'Orgère, un craquement d'allumette et la pièce des gardes sera envahie de la bonne odeur d'une flambée de résineux, baignée d'une douce chaleur...

Je devine le profil du terrain qui s'adoucit, instinctivement j'allonge les foulées lorsque brusquement, là, tout proche un hululement peu coutumier retentit : je tends l'oreille, tout en cherchant à calmer mon souffle ; le voici qui reprend, à peine plus en amont, toujours aussi distinct. Ce chant me fait songer à celui de la Huppe mais, toutefois celui-ci est plus précipité, son timbre est plus élevé.

Le doute n'est pas permis, ce chant est suffisamment caractéristique, d'ailleurs la diversité des Nocturnes en altitude n'est pas si grande : c'est bien la Chouette de Tengmalm qui salue, si joliment, mon arrivée.

Dans le lointain, en rive gauche du ruisseau du Povaret, une autre Chouette répond, avec la même strophe de "hou, hou..." ascendante et tremblée ! Longtemps encore, après cet épisode, je n'obtiendrai de la Chouette de Tengmalm, que le plaisir d'écouter son chant un peu monocorde. Cette manifestation est d'ailleurs la meilleure façon d'appréhender sa répartition, car il ne faut pas craindre de dire que la plus "grande" de nos trois petites Chouettes, qui ne mesure jamais, en hauteur, qu'un quart de mètre, est de mœurs fort discrètes. (Outre la Tengmalm, la Savoie est honorée de la présence de la Chevèche (22 cm) et de la Chevèchette (16 cm) pour ce qui concerne les petites espèces de Chouettes.)

On la rencontre, dans notre département, quasi exclusivement dans les étages montagnard et subalpin. Assez bien représentée en Maurienne où elle "remonte" la vallée jusqu'à Bessans, elle se manifeste, également, ça et là en Tarentaise : je garde des souvenirs précis de celle qui chantait, chaque soir, au premier printemps, sous le hameau du Villard dans la vallée des Allues, et de celle qui semblait avoir pour tâche de veiller sur les ruines du Palet des Mines de Peisey-Nancroix.

On prétend que la Chouette de Tengmalm est strictement nocturne or, dans le Massif des Bauges, j'ai très distinctement entendu son chant, en pleine journée, alors que je redescendais, en ski de printemps, le Colombier d'Aillons, au niveau de la forêt.

C'est assez tardivement, vers Arèches, que la Tengmalm a été citée dans le Massif du Beaufortain.

Nul doute que nos connaissances concernant la répartition de cette Chouette en Savoie restent fragmentaires et que, seule la pratique qui consiste à diffuser, dans les milieux propices, son chant enregistré, permettrait de mieux cerner sa distribution biogéographique. En tout état de cause, les milieux où nous la connaissons offrent certaines caractéristiques dont, en particulier, l'existence de futaies relativement âgées de conifères avec, comme essence de prédilection, sans que cela soit exclusif, le Sapin blanc.

Si l'ambiance de la sapinière, forêt froide, traduit assez bien celle de la Tengmalm, il convient de préciser qu'à Bessans et à Peisey, il s'agit de Pessière mixte et de Mélézin.

Ne faisant pas exception, en cela, à la plupart des naturalistes, c'est grâce à la complicité du grand Pic Noir, tout du moins, à ses pratiques excavatrices, que j'ai finalement eu la joie d'observer la Chouette de Tengmalm. Une fois n'est pas coutume puisque c'est, à nouveau, vers l'Orgère, non loin du Pré du Col, grâce à Maurice Mollard, que j'ai pu réaliser cette mémorable observation.

Je suivai mon ami docilement, d'ailleurs il ne pouvait en être autrement tant me paraissait aléatoire le sinueux chemin parcouru entre les hauts fûts lisses et clairs des Sapins, et ceux plus fauves et craquelés des Epicéas. Parvenu à un semblant de clairière, il me désigna du doigt un tronc que rien, en apparence, ne pouvait distinguer des autres sinon que, vers huit ou neuf mètres de haut, sur le côté Sud, se remarquait un trou ogival d'une bonne dizaine de centimètres sur six ou sept de large.

Heureux de me faire partager ses trouvailles, Maurice me montra également, de l'autre côté du tronc, à un mètre au-dessus du précédent, un nouveau trou, signé par le même Pic Noir, qui avait niché, ici, trois

La Chouette de Tengmalm avec ses yeux tout auréolés de noir et luisants comme deux pleines lunes dorées.

années plus tôt. Me faisant ensuite légèrement reculer pour être à convenable distance, il me demanda de bien observer ; il se munit d'une badine et se mit à tapoter le pied du Sapin. Moins prestement qu'à l'ordinaire, mais complaisamment toutefois, la tête de la Chouette apparut, telle celle d'un coucou en bois, dans l'encadrement du trou.

Les jumelles braquées, je ne "perdis pas une miette" de la ravissante frimousse : ses yeux se remarquaient en premier lieu, tout auréolés de noir et luisants comme deux pleines lunes dorées. A leur périphérie, de larges disques faciaux aux duvets fins comme du poil de Garenne lui conféraient un air un peu ébahi. A peine visible, sous de fines vibrisses, on devinait son petit bec de perroquet qui pinçait un reste de plume. Enfin, sur le dessus de la tête et des épaules, qui seules émergeaient de l'ouverture, s'amorçait une cape brun chocolat, mouchetée de flocons blancs.

Rassuré après quelques instants, l'oiseau s'en retourna aussi promptement qu'il était apparu, à sa tâche maternelle.

Bien que de dimensions assez semblables à celles de la Chouette chevêche, la Tengmalm possède un régime alimentaire beaucoup plus dépendant des petits vertébrés : Rongeurs (Campagnols, Mulots) Musaraignes, jeunes oiseaux que sa "cousine" de plaine, qui elle, capture, en été, une profusion d'insectes, de vers-de-terre et d'escargots. A propos du régime alimentaire de la Tengmalm, le seul "grief" qu'on pourrait lui adresser, est de rendre beaucoup plus difficile que pour la Chouette effraie par exemple, la tâche des naturalistes soucieux d'étudier le contenu de ses pelotes de réjection et corrélativement la faune compagne de ses sous-bois. En effet, outre que ses pelotes sont dispersées de façon aléatoire sur son territoire, les restes de proies qu'elles contiennent sont, du fait des dimensions restreintes de notre rapace, le plus souvent émiétés, ce qui ne facilite pas l'identification des "victimes" ! Plus grande sensibilisation des naturalistes qui ont accentué les efforts de prospection où, réelle extension géographique liée à celle du Pic Noir, la Tengmalm semble avoir conquis de nouveaux territoires vers l'Ouest ces dernières années.

Officiellement protégée par les décrets d'application de la loi sur la protection de la nature, de mine plutôt séduisante, peu concernée par la circulation automobile, les seuls "nuages" susceptibles de noircir l'avenir de la Chouette de Tengmalm sont ceux porteurs de pluies acides qui commencent à grignoter à grands pas certaines de nos forêts de conifères !

BONNEVAL l'ÉCOT

En Haute Maurienne, comme ici à l'Ecot, le bois étant très rare, les toits étaient édifiés avec de grandes lauzes de gneiss.

Le Merle de roche,
oiseau de réputation effacée
malgré son habit tricolore.

Bonneval : étymologie sans détour, comme le précise le dictionnaire d'Adolphe Gros, d'"une vallée riche en pâturages et même en blé, quand il ne gèle pas". Village épargné, cité en exemple, avec son hameau de l'Ecot vénéré, à juste titre, pour son intégration aux gneiss du Grand Paradis.

Ruelles pavées, exiguës, au point que l'hiver, certains toits de lauzes s'unissent comme pour résister mieux au manteau de neige écrasant. Nulle injure architecturale à ce patrimoine bâti, pas même un fil électrique... Géraniums et bouses séchées aux balcons de bois ; qui pouvaient venir bousculer un tel équilibre séculaire ? En fait, un autre "équilibre", celui artificiel des investissements financiers, nécessaires à la commune, pour survivre à nos temps modernes sans altérer l'Image, et ce, malgré des contraintes d'environnement beaucoup moins idylliques que le laisse supposer la simple étymologie du nom de Bonneval. La première de ces contraintes est le risque omniprésent des avalanches dès que l'on franchit, à l'amont comme à l'aval, la stricte enceinte du vieux village. Le pont récent, établi à quelques distances seulement de l'ancien, a confirmé, s'il était nécessaire, cette vérité tant topographique que climatique !

Une loi promulguant un mode nouveau de répartition de la taxe professionnelle, versée aux communes par des maîtres d'ouvrages tels qu'E.D.F., et cela suffit pour se trouver au pied du mur : il ne reste alors qu'à se rendre, ou plus simplement encore, périr !

Se rendre, cela peut revêtir plusieurs aspects dont celui de céder ses remontées mécaniques (il en existe malgré tout une dizaine) au voisin géant de Val d'Isère, moyennant l'autorisation de lier les deux domaines skiables par de nouvelles remontées mécaniques, ces dernières devant nécessairement franchir la pointe des Arses, située en plein cœur du Parc National de la Vanoise, de façon à rejoindre le glacier du Grand-Pisaillas, dans la Réserve Naturelle de Val d'Isère déjà passablement équipée !

Avant d'octroyer une telle autorisation, une expertise, en plus haut lieu, fut demandée, sur les différents aspects du problème tant socio-économiques que naturalistes. Il revint, pour sa part, au Comité Scientifique du Parc de la Vanoise de se prononcer sur la "valeur" présentée par le domaine visé, du point de vue du milieu naturel. C'est par ce sinueux cheminement que je me vis confier l'une des balances de la justice afin de dire si, sur le plan de la faune, tel lieu est plus intéressant que tel autre ! Rude épreuve pour moi qui me suis toujours montré extrêmement critique vis-à-vis des études d'impact, tant sur les méthodes employées, jamais ou très rarement exposées, que sur les résultats pour lesquels on "omet" de citer les sources, qu'enfin sur les conclusions qui se doivent de mettre en rapport l'intérêt difficilement mesurable de la Nature avec celui, soi-disant, quantifiable de l'Economie à court terme ! Et bien que je me sois promis d'éviter d'écrire que l'Alouette des champs ou le Pipit spioncelle sont plus (ou moins) précieux que le produit de la vente de tickets de remontées mécaniques, je me devais tout de même - la "crédibilité scientifique" était en jeu - d'opérer et de rapporter ! Je consacrai donc quatre journées de ce début juillet à ce secteur, en choisissant comme sujet plus particulier, les oiseaux, par goût, par facilité relative, et surtout parce que beaucoup s'accordent à les reconnaître comme de bons indicateurs de la richesse d'un milieu. Je pensai, tout d'abord, effectuer des points d'écoute classiques de vingt minutes dans chacun des différents milieux représentés ; en fait, le manque de temps et la lourdeur du traitement m'incitèrent tout simplement à parcourir, de long en large, et de bas en haut, le versant Sud-Ouest de la pointe des Arses, en prenant soin de visiter chaque "faciès" : falaises, rochers, éboulis, pelouses, forêts, rivières. Ce ne sont pas moins de quarante espèces d'oiseaux que je contactai ainsi, souvent grâce à leur chant, mais encore à l'aide de jumelles.

La distribution de ces espèces, leur diversité au sein d'un même milieu, leur rareté au plan local, voire national, constituent autant de critères, pas trop empreints de subjectivité, qui permettent d'apporter, sinon un jugement, à tout le moins une appréciation sur la qualité de l'environnement étudié. Il convient de ne pas perdre de vue toutefois que d'autres indicateurs biologiques, comme les insectes, pourraient fort bien faire aboutir à des conclusions différentes, et pourquoi pas, inverses. Je serais personnellement bien incapable de démontrer cela, mais souhaite seulement signaler les limites étroites de nos jugements.

Comme on pouvait s'y attendre, les sommets et éboulis de haute altitude, ici compris entre deux mille sept cents et trois mille deux cents mètres, ne devaient réserver aucune surprise, et le cortège classique de l'Accenteur alpin, de la Niverolle et du Rougequeue noir était seulement rehaussé par des indices de présence relativement nombreux de Lagopèdes, ce que j'attribuai davantage à une bonne reproduction de cette espèce, l'année précédente, plutôt qu'à la qualité toute particulière de ce biotope. Les vastes pelouses qui s'étendent ensuite aux Arses et au Plan des Eaux ne comportaient pas, elles non plus, de particularité ornithologique autre que les farandoles des Pipits spioncelles et les ritournelles incessantes, tirées entre ciel et terre, par les Alouettes des champs. En outre, les blocs épars, évadés des éboulis supérieurs, abritaient quelques couples de ces sympathiques "culs blancs" que sont les Traquets motteux. Je devais noter toutefois, à plusieurs reprises au cours de ce séjour, le rôle majeur de terrain de chasse à Marmottes joué par ce milieu vis-à-vis du couple d'Aigles Royaux nicheur dans la vallée (ils ne sont qu'une douzaine dans toute la Vanoise). Raoul, en chef de secteur connaissant bien son terrain, m'avait recommandé la prospection des banquettes rocheuses de la Mandaz. De fait, c'est effectivement là que je devais contacter les oiseaux les plus prestigieux et, de surcroît, considérés comme particulièrement rares au plan national. Je veux parler de ce "tandem" d'oiseaux des milieux rocheux et chauds que constituent la Perdrix bartavelle et le Merle de roche. J'eus quelque peine à lever la première qui se faisait fort discrète parmi les blocs et les touffes de Fétuque brune, la pleine période de la nidification incitait, sans doute, cette Perdrix à un mutisme qui n'est pas toujours de rigueur chez elle.

Le Merle de roche, oiseau de réputation effacée malgré son habit tricolore, pour ce qui concerne le mâle, à l'inverse, se trouvait encore à la saison des pariades nuptiales.

Aussi, son chant où se mêlent des notes pures de Grives et des strophes, plus grésillantes, à la mode des Rougequeues, nous le fit découvrir au faîte d'un ressaut rocheux. Nous le vîmes bientôt partir en chandelle, puis, à l'issue d'un véritable ballet aérien, réintégrer son promontoire dans une chute, ailes déployées. Outre les rochers de la Mandaz, le pied des falaises de Tralenta devait également se révéler propice à ces deux espèces saxicoles. De plus, mais ceci est moins original, ces falaises sont le lieu privilégié d'évolutions d'une bande piaillarde d'une soixantaine de Chocards et le site de nidification d'un couple, au moins, de Craves à bec rouge. Je m'attendais à trouver là également des rapaces rupicoles mais, sur ce plan, mon attente fut déçue. Décidément, les abrupts calcaires de nos préalpes sont bien plus propices aux Eperviers et autres "faucons" que ces beaux jets de gneiss !

Après ces milieux arides, le contraste de la forêt de feuillus qui, au fond de la vallée accompagne le cours naissant de l'Arc, était intellectuellement excitant. Avec, pour seule transition, quelques bosquets ou j'"agrafais" la Pie-grièche écorcheur et le Bruant jaune, la lisière de Saules et de Trembles me fit pénétrer, grâce au Pipit des arbres, dans le frais domaine de la ripisylve, où éclataient de toutes parts les chants des Fauvettes des jardins et les imitations des Rousserolles verderolles. Je prenais garde, avec ces dernières, de ne pas me faire "piéger" par leur pot pourri de chants fidèlement transcrits mais dont certains, comme celui de l'Hirondelle de cheminée, se révélaient quelque peu déplacés ! Je trouvais l'Accenteur mouchet particulièrement volubile et ne laissant point la parole au Troglodyte mignon qui, d'ordinaire, ne s'en laisse pas conter ! Sans doute avait-il mieux à faire dans sa sphère de mousse, que je devinais cachée sous les racines d'un Rhododendron à demi suspendu dans le vide, au-dessus du torrent. Les marmites de gneiss, bien polies de celui-ci, étaient égayées par les appels pressants d'une nichée, à peine émancipée, de Bergeronnettes des ruisseaux et des vagabondages lourdauds de Cincles plongeurs en quête de larves aquatiques. La découverte impromptue d'une carcasse de voiture dans cet éden m'arracha brutalement à mes rêveries et me resitua, sans ménagement, au cœur du problème qui m'avait conduit ici.

Comment intégrer les quelques éléments de réponse si partiels que j'avais recueillis, les données "négatives" comme l'absence, quasi-absolue, des Mésanges, qu'elles soient noires, huppées ou boréales, faute de conifères, la rareté des rapaces hormis l'Aigle Royal et le Faucon crécerelle que je n'avais pas aperçus ? Devait-on, au nom de cela, tourner le pouce vers le bas ? Au contraire, la présence de la Perdrix bartavelle, qui figure sur la liste des espèces menacées en France, devait-elle compromettre les projets de pistes, de câbles ou encore les travaux pare-avalanches que l'étendue prépondérante de pelouses à Fétuque brune rendait indispensable pour la sécurité. A ce stade de l'étude, il ne m'appartenait pas de juger, j'en aurais d'ailleurs été incapable ; d'autres allaient avoir, peut-être, ce soin ; seulement, la phrase que j'avais écrite jadis, un peu naïvement, sur la couverture de ma thèse, remontait en moi d'une façon presque oppressante : "D'aucuns ont bonne conscience de détruire dans l'ignorance, puisse ce travail faire aimer et protéger... Ma conviction était faite." Il n'existait, en tout cas, pas deux Pays Déserts, pas deux cols des Arses, pas deux rochers de la Mandaz, pas deux bosquets de Trembles au pied des éboulis de Faudan. Que ceux qui auraient à prononcer, peu ou prou, leur éradication, en soient pleinement conscients ! Que, par ailleurs, les hommes de Bonneval qui comme tout autre ont droit de vie, sachent que la solution préconisée n'est autre qu'une amputation de leur propre cadre, celui-là même qui a forgé leur réputation : n'allaient-ils pas, par là même pénétrer dans la spinale de l'Or blanc ?

La Marmotte

« Gentille » Marmotte, mascotte du petit ramoneur savoyard, tu symbolises par ton long sommeil d'hiver et tes siestes estivales, l'indolence et le farniente. Cette quiétude apparente, accentuée par ta silhouette bonhomme, t'ont valu la réputation d'un rongeur paisible, prévoyant, membre d'une « société » bien organisée. A la moindre alerte, tu réintègres ton logis et, si l'Aigle te chasse parfois, ta vie doit être tout de même bien agréable… !

Cependant, derrière ce mythe, ce jouet de peluche qui orne l'affiche de Samivel, quel animal se cache vraiment, au fond de son terrier ? Peu d'études récentes sont là pour le dire, en dehors des données fondamentales de Marcel Couturier, sur la biologie et la physiologie de l'espèce, force est de « déchiffrer » la littérature étrangère, germanique ou anglo-saxonne, pour obtenir quelque lumière sur l'écologie et le comportement du plus gros de nos rongeurs, après le Castor bien sûr.

Sur le principe, il n'est pas trop ardu d'appréhender la répartition de la Marmotte, attendu que l'entrée de ses terriers n'échappe guère à l'observateur, tout comme ses cris d'alarme généreusement dispensés à l'approche des ennemis, « Homo sapiens » compris.

En dehors des lieux de réintroduction, sa distribution spontanée s'exerce, dans les Alpes, à l'heure actuelle, entre 1 400 et 2 700 m d'altitude, avec de possibles incursions jusque vers 800 m et, à l'extrême opposé, à plus de 3 000 m. Cependant, la plupart des colonies s'observe, au niveau de l'étage alpin, entre 2 100 et 2 500 m d'altitude.

Dans notre département de la Savoie, les effectifs de la Marmotte sont beaucoup mieux représentés à l'Est, dans les massifs de la Vanoise et des Grandes Rousses, que dans les massifs externes tels que Belledonne et le Beaufortain. Dans les Préalpes, les sujets observables sont le fait de réintroductions, dans les Bauges vers l'Arcalod par exemple ou, en Chartreuse, au-dessus d'Entremont le Vieux.

La Marmotte affectionnant tout particulièrement les « bains de soleil », on aura avantage à la rechercher confortablement installée sur les pentes exposées au Sud et ses composantes que sur les ubacs ombragés. Bien qu'elle ait une prédilection pour les pelouses

La Bartavelle : la Perdrix royale de "la gloire de mon Père" !

Etant donné la convoitise exprimée et tout le zèle que nous mîmes à battre les rocailles, notre hôte put observer, très fugitivement toutefois, une paire de Bartavelles qui plongea dans la pente en vol plané, puis disparut en quelques coups d'ailes derrière la première crête.

Il n'en fallut pas plus, cependant, pour honorer notre contrat et "arroser" au champagne ce doublé de Bartavelles.

Piètre version, sans doute, de la "Gloire de mon père"... Celle-ci eut cependant le mérite de me faire pleinement réaliser la rareté de cette espèce et tout l'intérêt qu'il y a à la protéger, ainsi que ses biotopes d'élection d'été comme d'hiver.

Saluons, à ce propos, le bien-fondé de sa protection du point de vue cynégétique dans nos départements ; ceci d'ailleurs sans que l'on puisse, a priori, retenir la chasse comme cause notable de sa diminution.

LE PLAN DE TUEDA

OU LES PÉRIPÉTIES D'UNE RÉSERVE NATURELLE

Au pied de l'Aiguille du Fruit, s'étend la plus belle Cembraie de la Tarentaise.

La station
de Mottaret
se concrétise !

Dans le périmètre du Plan de Tueda, furent ouvert une gravière, créé un lac artificiel, tracée une piste de ski alpin ainsi qu'une boucle de ski de fond.

J'ai conservé des souvenirs précis de ma rencontre initiale avec la haute vallée des Allues ; c'était en 1970, juste après les examens de Juin qui sanctionnaient la première année de Biologie-Géologie. J'étais particulièrement motivé pour suivre cette excursion, dirigée par des ornithologues rhônalpins, aussi prestigieux que Philippe Lebreton et Hubert Tournier, car durant les mois de Juillet et d'Août, j'allais être, pour la première fois, engagé, par le Parc National de la Vanoise, en tant que guide naturaliste.

Du terrain, j'avais presque tout à apprendre, soupçonnant que des cours magistraux de l'Université à la Nature, il y avait plus d'un feuillet ! ! !

Je fus, de prime abord, surpris, lors de cette excursion, par le mode de prospection « omnibus » qui fut employé dès Salins-les-Thermes, le long de la route, dans chacune des formations végétales que nous rencontrions !

En face, en adret, dans la chênaie pubescente, nous avions noté l'extension en altitude du Rossignol et de la Huppe fasciée. Plus haut, dans les bosquets purs de Pin sylvestre, liés à la sécheresse des affleurements de gypse, les initiés avaient détecté la Mésange et le Roitelet huppés...

Je ne parvenais pas, comme eux, à distinguer, dès les premières notes, chaque chant d'oiseau ; fort heureusement, pour distraire mon embarras, j'eus la satisfaction d'identifier, au bord de la chaussée, une grande Couleuvre d'Esculape d'un mètre cinquante de long, tuée par quelque arriéré !

Peu à peu, nous avions gagné de l'altitude, et atteint les vergers qui égayent alentour les hameaux des Allues ; ce milieu avait fourni l'occasion de réviser bon nombre de mélodies d'oiseaux du bocage, comme celle du Verdier, de la Linotte ou du Chardonneret...

En longeant ensuite la base des grandes forêts d'Epicéas, nous avions perçu un « clieu » puissant lancé par un Pic noir et, bien sûr, cela avait été le prétexte pour évoquer la Chouette de Tengmalm.

Parvenus à la station de Méribel, nous avions abandonné nos véhicules à la Chaudanne, terminus de la route à cette époque.

Ensuite, il nous fallut prospecter à pied, je me sentais davantage libre, avide de tout voir. Je me souviens avoir quitté mes chaussures pour patauger dans le marais situé juste en aval du plan de Tueda ; ceci m'avait permis de « cueillir » quelques beaux mâles de Triton alpestre au ventre de feu ; pour faire sérieux, j'avais consigné leur présence dans mon calepin tout neuf !

A partir de là, nous pénétrâmes dans la Cembraie ; j'admirais, pour la première fois, ces Pins arolles au port noble et fier comme des Touaregs, conscients de braver des éléments hostiles !

C'était effectivement la plus belle Cembraie de toute la Tarentaise ; grâce à elle, je liais connaissance avec « l'oiseau complice », braillard comme le Geai, mais tout aussi sympathique : le Cassenoix moucheté. Je récoltais un ou deux cônes dont les pignons avaient été soigneusement gobés par ce Corvidé, et l'on me désigna une touffe de jeunes Pins plantée incidemment par l'un de ces oiseaux étourdis ! J'avais là, sous les yeux, matière à méditer sur l'un des plus spectaculaires exemples de symbiose entre espèces animale et végétale.

Il était temps, maintenant, après avoir herborisé dans les zones humides du Plan de Tueda, de tirer les repas de nos sacs. Si rares étaient les plantes découvertes par le père Fritsch, comme la Swertie vivace ou la Laîche bicolore, elles ne parvenaient pas à assouvir, néanmoins, notre appétit d'ici bas.

La bonne humeur régnait dans la troupe, du fait du ciel bleu mais aussi du saucisson savoureux et de la Mondeuse que l'altitude n'avait, de loin, pas gâtée...

Comme pour exacerber, davantage encore, notre joie, un Aigle royal adulte glissa, au-dessus de nos têtes, sans le moindre battement d'ailes et alla s'éteindre, à la manière d'une comète, derrière la cime du Vallon.

Seconde apothéose de cette journée, au retour du plateau du Fruit, en traversant une forêt, en quête d'indices de présence du Tétras-lyres, Claude Vion, Chef de Secteur du Parc National de la Vanoise, découvrit une station de Linnée boréale : quel évènement, lorsque l'on sait que l'on connaît seulement six stations en France de cette merveilleuse petite plante, dédiée au grand Linné, père de la systématique.

En redescendant à Méribel où, comme le veut la tradition, nous nous étions arrêtés pour « arroser » nos trouvailles de naturaliste, chacun s'était accordé à considérer que cette station de sports d'hiver, contrairement à la plupart, avait été réalisée avec un réel effort d'architecture et partant, d'intégration au milieu montagnard.

S'en tenir là, eut été trop beau ! Méribel : le cœur des Trois Vallées allait, économie oblige, avoir à soutenir la rivalité avec les stations voisines de Courchevel et des Menuires. Pour ne pas être « distancée », le projet de Mottaret, allait être mis en œuvre, dès l'année suivante.

En 1971 donc, fut poursuivie la route que relie la station de Méribel au Mottaret et en 1972, les premiers immeubles, furent construits en aval du Plan de Tueda.

Cependant, en Mars 1980, inquiet du fait de l'importance des nouvelles demandes d'équipement présentées par la commune, le Comité Interministériel des Unités Touristiques Nouvelles demanda que soit élaboré un Programme Pluriannuel de Développement Touristique de façon à ce que soit « affichée », pour les cinq à dix années à venir, la totalité des intentions d'aménagements, en tenant compte de l'ensemble des contraintes physiques, sociales, financières, mais également d'environnement.

A cette fin était créé, dès le mois de Juillet, un Groupe d'Etudes et de Coordination, réunissant, outre la municipalité, les partenaires locaux et les administrations : par ailleurs, un bureau d'étude : l'IRAP, était engagé afin d'instruire les dossiers. Ainsi, parallèlement aux projets de développements touristiques, des études, ayant trait au patrimoine naturel, étaient conduites et celles-ci confirmèrent la richesse exeptionnelle de la Haute Vallée des Allues, particulièrement des Cembraies et des zones humides qui couronnent le Plan de Tueda.

A l'occasion de sa réunion du 16 Décembre 1980, le Comité Interministériel des Unités Touristiques Nouvelles, chargé d'examiner le projet de télécabine de Burgin-Saulire, regretta que son étude d'impact ne prenne pas suffisamment en compte les incidences de cet équipement sur l'environnement. Finalement, il accepta la remontée mécanique à condition qu'« en contrepartie » soit érigé en forêt de protection le site de Tueda ou, soit créée une Réserve Naturelle.

Fort de cette instruction, dès le mois de Mai 1981, le Groupe d'Etude et de Coordination, auquel participait l'Office National des Forêts, ainsi que le Parc National de la Vanoise, qu'avec mes amis Jacques Perrier et Octave Martinet nous représentions, s'activa autour d'un projet de Réserve Naturelle.

Le 28 Octobre de la même année fut présenté, à la Mairie des Allues, un plan de la future Réserve avec relevé des parcelles et projet de réglementation. Ce dernier fut discuté sans trop d'objection puisque la fin de l'année approchait et avec elle, un nouvel examen du programme de développement de la Station par le comité des U.T.N. !

Le 22 Décembre 1981, le Comité Interministériel accepta que les équipements prévus, à court et à moyen terme, soient réalisés, ce qui porterait l'urbanisation du site de Mottaret à près de 145 000 m^2, et constituerait son achèvement. Par ailleurs la réalisation de ces nouveaux travaux fut subordonnée à un avancement *effectif*, « dans les meilleurs délais » des procédures de création de la Réserve Naturelle de Tueda. En 1982, la Délégation Régionale à l'Architecture et à l'Environnement, chargée de l'instruction du dossier de cette Réserve, se mit en quête d'obtenir des financements. Cette même année, l'Etablissement Public Régional qui avait été sollicité pour cela, ne put dégager les crédits nécessaires et proposa de les octroyer en 1983, ce qui fut fait en Octobre.

L'année 1984 s'écoula, cette fois, afin de rechercher un organisme succeptible de conduire les études, et c'est seulement en Novembre que la première réunion « officielle » de création de la Réserve put se tenir. Autant dire que durant les trois années qui venaient de s'enfuir, strictement rien de concret n'avait été entrepris côté Protection !

Côté aménagement, à partir de 1983, la commune des Allues associée à celles de Brides-les-Bains et de la Perrière, mettait en œuvre un nouveau Plan Pluriannuel de Développement Touristique, machine, elle, parfaitement rodée, qui aboutissait en 1985 à des propositions de nouveaux équipements devant le Comité des Unités Touristiques Nouvelles.

Jugeant peut-être que les « meilleurs délais » avaient été respectés pour instruire le dossier de Réserve Naturelle, le Comité accepta en outre le projet de télécabine du Mont du Vallon, alors que des administrations telles que le Parc National de la Vanoise avaient fait remarquer que cet aménagement serait de nature à remettre en cause l'intérêt même de la zone à protéger, puisqu'elle augmenterait immanquablement son accessibilité par les skieurs hors piste.

Dans le même temps, en Juillet 1985, une étude scientifique et socio-économique, fort bien documentée, fut finalement remise afin de pouvoir désormais soumettre à enquête publique le projet de Réserve. Ce qui, avec les autres formalités de la procédure de création d'une Réserve Naturelle, devrait prendre encore deux ou trois années environ !

Il est vrai que, comparés aux cinq siècles nécessaires à la Nature pour façonner les silhouettes majesteuses des Pins cembro, cinq à dix ans pour créer une Réserve Naturelle représentent peu de chose ! Dommage cependant que ce même délai ait été largement suffisant pour que, dans le périmètre du Plan de Tueda, malgré tout l'intérêt souligné, soient, entre autres aménagements, ouvert une gravière, créé un lac artificiel, tracé une piste de ski alpin ainsi qu'une boucle de ski de fond...

La Linnée boréale,
dédiée au grand Linné,
père de la systématique.

L'Aigle royal

Le peu de sommeil que j'avais réussi à m'accorder cette nuit-là avait été agité d'ombres glacées et de lumières aveuglantes, de lentes spirales ascendantes jusqu'à la sublimation et de chandelles époustouflantes ; c'était Octave Martinet le « responsable » : c'est lui qui, la veille, avait fixé mon premier rendez-vous avec l'oiseau mythique, le seigneur du ciel incontesté : l'Aigle royal.

Oh ! bien sûr, j'avais déjà eu, comme nombre de naturalistes, le plaisir d'observer ce rapace, glissant au ras d'une falaise, précédé de son ombre géante, en provoquant des cris de panique étranglés chez les Marmottes, mais cette fois, une chance m'était offerte d'observer, à peu de distance, un aiglon à l'aire et peut-être même un adulte qui viendrait lui livrer sa provende.

De surcroît, comme si le « spectacle » en soi ne serait pas suffisant, j'allais avoir à partager les heures d'affût avec Samivel qui réalisait alors des prises de vues pour « Cimes et Merveilles ».

Octave était à l'heure à son rendez-vous fixé aux chalets du Mottaret, contrairement à mon attente, il ne me fit pas « attaquer » une face nord abominable mais me fit redescendre dans le Bois du Creux de l'Ours.

Nous étions en pleine Cembraie, la pente était suffisamment accentuée cependant pour qu'il soit nécessaire de nous agripper aux tiges des Rhododendrons ; je commençais à me demander si Octave et son collègue Etiévent ne m'avaient pas préparé une énorme plaisanterie !

C'est ce moment précis que mon guide choisit pour désigner discrètement l'affût de branchages dans lequel était dissimulé l'auteur du « Fou d'Edenberg » et, en second plan, un modeste escarpement rocheux d'une vingtaine de mètres de hauteur.

La partie « sommitale » de ce ressaut était couronnée d'un bloc surplombant, sous cet abri rudimentaire, on pouvait apercevoir un volumineux tas de branches séchées d'environ soixante-dix centimètres de haut sur un bon mètre de longueur. A l'aplomb de ce dernier, le rocher était « généreusement » maculé de trainées blanchâtres, ce qui faisait plutôt « négligé » pour un hôte d'un si noble rang !

De prime abord, j'éprouvais un sentiment de frustration, un peu comme celui d'un enfant trompé par une fable ; pour déguiser ce désappointement, je me mis à fouiller dans mon sac à dos en quête de mon altimètre, j'eus beau le tapoter, il n'indiquait guère plus de 1 950 m ; et dire que je pensais que l'Aigle royal exigeait l'atmosphère raréfiée des plus de 3 000 m ! ! !

Je sais maintenant que cela fait aussi partie des légendes que, contrairement aux idées répandues, l'Aigle royal niche, dans la grande majorité des cas, endessous de la limite supérieure des forêts.

En Vanoise, massif pourtant élevé, la moyenne d'altitude établie, à partir de quarante aires appartenant à une dizaine de couples cantonnés, est légèrement inférieure à 2 000 m.

L'aire la plus basse, découverte dans ce massif, est construite à 1 600 m d'altitude, alors que la plus élevée, est située à 2 500 m ; record, peu glorieux, pour les Alpes, puisqu' elle appartient à un couple, banni d'un fond de vallée, contraint et forcé de se réfugier en des lieux inhospitaliers.

En observant l'aire, que l'on venait de me désigner, à la longue vue, je remarquais qu'à sa surface, avaient été fraîchement rapportés deux ou trois rameaux de Pin arolle encore munis de leurs aiguilles. Devant l'épaisseur de ce nid, je demandai à Octave si celui-ci était régulièrement occupé ? Il me répondit, au creux de l'oreille, qu'il l'avait découvert seulement l'été précédent, en 1971, et qu'il était, effectivement, déjà fréquenté. Cependant, il connaissait au moins, deux autres aires plus anciennes dans la vallée dont une, au bien nommé rocher de l'Aigle.

Avec du recul, ce que m'avait appris le garde du Parc, ce jour-là, était tout à fait conforme aux habitudes des couples nicheurs de Vanoise qui possèdent en moyenne quatre à cinq aires chacun. Certains peuvent nicher jusqu'à sept années consécutives dans le même nid, cependant que d'autres pratiquent une « rotation » annuelle ou encore, de deux ans en deux ans, mais sans que cela soit systématique.

Ces aires peuvent être distantes de quelques dizaines de mètres seulement, au sein d'un même ensemble de falaises, ou réparties de part et d'autre d'une vallée. Dans un cas précis, trois aires occupées alternativement par un couple, dessinent un triangle ayant pour base deux kilomètres cinq cents et comme côtés un kilomètre sept cents et un kilomètre cinq cents.

En ce qui concerne les territoires des Aigles royaux, la distance établie de proche en proche, entre les barycentres des divers groupes de nids, permet d'estimer leur superficie en période de nidification. Toujours

en Vanoise, cette distance vaut, en moyenne, douze kilomètres, ce qui, en assimilant les territoires à des cercles de six kilomètres de rayon, leur confèrent une surface d'environ cent dix kilomètres carrés.

Cette superficie impressionnante concourt, sans doute, davantage au prestige du rapace que l'altitude de ses aires ; il serait cependant trop simple de penser qu'elle est immuable dans le temps et dans l'espace. En effet, ce « seigneur » du ciel ne s'avère pas particulièrement agressif, en dehors de la période de nidification, vis à vis de ses congénères, ni même d'autres espèces comme les Chocards ou les Grands-Corbeaux par qui il se laisse houspiller avec une certaine condescendance. Au cœur de l'hiver, à Bonneval, l'un de mes collègues a observé jusqu'à quatre Aigles affairés à dépecer la carcasse d'un Chamois tué dans une avalanche.

Outre la disponibilité des proies, la répartition de l'espèce semble étroitement régie par la topographie ; le système des vallées transversales de Tarentaise, par exemple, favorisant l'implantation d'un plus grand nombre de couples que l'axe d'une grande vallée intra-alpine comme la Maurienne.

L'aiglon que nous observions, depuis une demi-heure maintenant, avait dû percevoir notre approche, car il était longtemps resté au fond de l'aire et ce n'étaient pas les deux ou trois grosses mouches qui rôdaient autour d'un reste de Marmotte qui semblaient pouvoir le tirer de sa torpeur.

Il finit tout de même par s'étirer et se redresser, puis la première manifestation qu'il nous accorda, après s'être retourné, fut d'effectuer une ample révérence en soulevant l'éventail de sa queue et d'expédier, avec puissance, un jet laiteux qui vint « rafraîchir » le crépi de la roche sous-jacente.

Le tour suivant fut plus « convenable » puisque, se plaçant pattes tendues au bord de l'aire, il se mit à déployer ses ailes largement brodées de blanc et qui déjà atteignaient deux bons mètres d'envergure. Il ne maitrisait pas encore très bien cet exercice d'éducation physique, car, à trois ou quatre reprises, il manqua de perdre l'équilibre et de basculer dans le vide.

Cette relative maladresse me fit m'interroger sur la durée de la reproduction ; j'appris à ce sujet, que mes collègues avaient pu noter différents accouplements d'Aigles entre la fin du mois de février et le début de mars, et qu'ils avaient constaté la plupart des envols de jeunes, cinq mois plus tard, soit au début du mois d'août.

En somme, le « rejeton » que nous avions sous les yeux avait encore une quinzaine de jours à se laisser dorloter par ses parents, bien que ceux-ci, m'expliqua Octave, lui apportent beaucoup moins de provisions vers la fin de son séjour, « comme pour l'inciter à s'émanciper ».

Je craignais bien de déranger par mes questions incessantes l'écrivain-cinéaste mais ne pus, cependant, me retenir d'aborder ensuite le chapitre du régime alimentaire ; il faut dire que notre aiglon, dans l'intervalle, s'était mis « à table », les deux pattes tendues dans son « assiette » pour contenir la carcasse de Marmotte dont il cherchait à arracher, de son bec puissant et crochu, de savoureux morceaux.

Lorsqu'il parvenait, non sans mal, à déchirer un membre par exemple, il redressait le cou à la verticale pour engloutir « tout rond » cette pièce en manquant, chaque fois, de s'étrangler.

Aux côtés des dépouilles de Marmottes qui constituent, durant la belle saison, l'alimentation de base des couples nicheurs en montagne, ont été observés entre autres, des Lièvres-bruns, des Ecureuils, des Renards, des Tétras-lyres et des Lagopèdes ; j'ai également trouvé, plus tard, des pattes d'un cabri de Chamois à l'aplomb d'une aire.

En hiver, on peut fréquemment observer des Aigles royaux adultes et immatures se nourrissant de cadavres, en particulier de Chamois. La mise à mort d'Ongulés sauvages est chose plus rare et concerne souvent de jeunes individus chétifs et malades dans leur premier hiver. Par contre, plusieurs cas de prédation de Lièvres variables levés par des randonneurs ou skieurs hors piste m'ont été rapportés.

En ce qui concerne les « dégats » d'Aigles relativement aux animaux domestiques, une dizaine de réclamations ont été adressées au Parc de la Vanoise au cours de la dernière décennie. Chose étonnante, toutes ces revendications émanaient de la vallée de Champagny.

Huit cas concernaient des moutons et deux des chèvres. Si huit fois sur les dix des Aigles ont pu être observés sur des cadavres, dans deux cas seulement la mort des animaux paraît devoir leur être imputée. Décidément les Aigles de Champagny sont bien malveillants puisque chaque fois on nous reproche : « Votre Aigle a tué mon plus beau cabri » (sic) .

Une dizaine de jours après notre visite, l'aiglon avait pu prendre son envol, Octave l'avait reconnu à ses grandes cocardes de neige, "spiralant" au-dessus du plateau du Fruit.
Il était grand temps pour lui d'avoir conquis sa liberté car l'aire, trop facilement accessible, commençait à être passablement envahie par des visiteurs, certains peu scrupuleux ; on dut même interpeller, un quidam qui s'était rendu jusqu'au nid accompagné de son chien !

L'année suivante, plus question pour le couple territorial, de la vallée des Allues, de réutiliser le site. Juste au pied du rocher, par ailleurs érigé en école d'escalade, fut tracée la piste de retour du circuit des Trois Vallées !

Les Aigles seront désormais contraints de se réfugier à l'aiguille du Fruit ou au Mont du Vallon, ce qui leur vaudra le plus mauvais taux de reproduction enregistré en Vanoise dans les années à venir.

Quant à notre immature, il ne restait plus qu'à lui souhaiter bonne chance durant quatre années « d'erratisme » environ, avant de trouver un partenaire et pouvoir se fixer dans un territoire inoccupé. Il lui faudra probablement quitter la Vanoise, attendu que le nombre de couples nicheurs, une douzaine, ne semble guère évoluer depuis une vingtaine d'années.

Difficile parcours où il faudra, malgré la protection légale, déjouer encore des menaces directes comme le démontrent l'Aigle royal tiré au fusil en 1979, sur la commune de Valloire, ou cette femelle tuée à Beaufort en 1982, à coups de bâton, alors qu'elle venait de s'accoupler ! Mais il lui faudra peut-être plus encore s'adapter, s'il le peut, aux perturbations « indirectes » qui frappent son environnement comme les câbles aériens qui resserrent de plus en plus leurs toiles d'araignées ; lignes spectaculaires comme la ligne 400 000 Volts qui « égaye » le col du Petit-Saint- Bernard ou ligne plus insidieuse comme celle du Perron des Encombres qui a déjà provoqué la mort des deux Aigles immatures au moins en 1981 et 1984.

Symbole de tous les empires, y compris de l'empire du ski en Tarentaise, pour la première fois de l'histoire, l'Aigle baisserait-il la tête ? Avec vingt à vingt cinq couples nicheurs en Savoie, l'espèce ne paraît pas encore sur son déclin, cependant considérant la cadence des équipements de la montagne, on ne peut être sûr qu'il en sera de même demain.

Page précédente : En dehors de la Marmotte qui constitue, durant la belle saison, l'alimentation de base des Aigles royaux nicheurs en montagne, on oserve des proies de taille moyenne comme le Lièvre variable ou le Renard.

Ci-contre : Cinq longs mois s'écoulent entre l'accouplement des adultes et l'envol des aiglons, début Août.

Le Chamois

« Coupez ! » dit Catherine « Cette fois, c'est bon pour le cadrage et la lumière » cependant, Allain Bougrain-Dubourg souhaita que l'on refasse la scène « une dernière fois pour le son ! »

L'équipe de "Terre des Bêtes" était accaparée par le tournage de « La Vanoise en Question », au lac du Mont-Coua ; nous nous prêtions consciencieusement, avec Alain Rivet et notre petit bateau bleu et jaune, au jeu des « acteurs scientifiques », lorsque Octave Martinet surgit, tout essouflé, de la Combe du Pellier : « La cage est fermée » lança-t-il de loin, « Il y en a UN dedans, vite ». Catherine Poubeau, jugeant promptement de l'opportunité, demanda que l'on prenne le minimum de matériel nécessaire et que l'on descende ; « Pour le son sur le lac, on s'arrangera, au besoin, on fera un son « off ».

Claude Vion et Jacques Perrier avaient tendu, la veille au soir, les cages-trappes de l'Aiguille du Fruit et du Pellier, sans trop y croire, à cause du ramdam fait par l'hélicoptère ! Il y avait peu d'espoir en effet qu'un Chamois se laisse prendre, même pour la télévision ! Or, la chance était avec nous puisqu'une femelle, « une chèvre », attirée par le sel, avait pénétré dans l'enclos grillagé, déclenchant le mécanisme des portes à glissières.

Télévision ou pas, maintenant il fallait agir vite et sans trop de tumulte afin d'éviter le stress. Pour conserver le maximum d'efficacité, Octave et Jacques, les habitués, opéreraient eux-mêmes, et pas question de refaire la séquence plusieurs fois !

Jacques souleva lentement la porte située à droite, Octave entra dans « l'arène » et avança sur le Chamois, sans hésiter, lorsque celui-ci tenta de sauter, il le plaqua soigneusement mais fermement. En un tournemain, il sortit un foulard de sa poche et le disposa sur les yeux de l'animal pour le calmer ; par précaution, il lui lia les pattes. Jacques put entrer à son tour pour aider à pratiquer les mesures et établir le diagnostic sanitaire. « C'est une femelle dans sa quatrième année d'après ses cornes ; elle ne présente pas de symptômes de kératoconjonctivite, ni de parasites externes ; longueur de la corne droite 21,7cm, de la gauche : idem, longueur totale : 125 cm, tour du cou : 27 cm ; passe-moi la pince, Jacques, s'il te plait ! Octave fixa un médaillon en plastique, de couleur verte, à l'oreille gauche du Chamois, avant de lui rendre sa liberté. La femelle ne se fit pas prier lorsque son baillon fut ôté ; en quelques bonds, elle fut au bas de la pente, à proximité du Doron des Allues.

Jean-Louis, le Caméraman, avait pu filmer toute l'opération, y compris la fuite : « Je pense que ce sera bon » adressa-t-il à Allain et à Catherine qui, eux non plus, ne déguisaient pas leur satisfaction.

Le soir, malgré la fatigue de cette journée mouvementée, toute l'équipe du tournage et les gardes locaux se retrouvèrent à la veillée, serrés autour de la table du refuge du Saut ; les questions galopaient bon train à propos du Chamois ; chacun de nous s'appliquait à répondre au mieux, en fonction de ses motivations et de son expérience personnelle.

« Le Parc National de la Vanoise a été créé pour protéger des animaux LIBRES, alors pourquoi les capturer et les marquer ? »

« On ne peut protéger efficacement une espèce sans la connaître bien ! de plus, le Chamois est un animal à « enjeu », qui, à l'extérieur du Parc, constitue à l'automne, le « Gibier » de montagne par excellence ! Depuis 1963, année de création de la Vanoise, ses effectifs ont pratiquement été multipliés par dix, passant de quelque cinq cent soixante-dix individus en 1964, à plus de cinq mille en 1981 ! Cependant, le Chamois pose de sérieuses questions d'identification : d'âge et de sexe, même pour des observateurs avertis. Ainsi, lors des comptages « globaux » effectués sur la totalité du Parc à l'automne, nous ne parvenons guère à déterminer plus de 70 % des individus, ce qui soulève ensuite le problème de l'interprétation de nos résultats. Devant ce constat, nous avons pris le parti de porter des efforts particuliers de recherche sur deux secteurs : celui où nous sommes, dénommé : Aiguille du Fruit-Eaux Noires, qui est en position péninsulaire par rapport à la zone protégée, — donc fortement soumis aux pressions cynégétiques et touristiques — et, une autre « zone test », située plus au cœur du Parc, sur la commune de Termignon, entre les Vallons de la Leisse et de la Rocheure, servant de référence.

Cette façon de procéder permet, sur ces « noyaux » de population de cent cinquante et trois cents sujets, d'obtenir à 5 % près, la structure des hardes. C'est également sur ces noyaux que nous portons les efforts de capture et de marquage individuel des animaux.

« Pourquoi utilisez-vous ces cages-trappes plutôt que le fusil téléanesthésique, comme vous le faites pour le Bouquetin ?

« Parce que c'est une technique plus douce, qui a déjà fait ses preuves, dans la Réserve Nationale de Chasse des Bauges et dans le Markstein. Par ailleurs, la précision obtenue avec le fusil dont nous disposons actuellement, n'est pas suffisante, compte tenu de la

Plutôt que le fusil téléanesthésique, des cages-trappes sont utilisées afin d'étudier l'éco-éthologie du Chamois.

distance moyenne de fuite des Chamois. Néanmoins, ces cages présentent l'inconvénient d'opérer une sélection, relativement au sexe des animaux ; ainsi, sur la trentaine de Chamois que nous avons pu prendre, jusqu'ici, entre la cage de l'Aiguille du Fruit et celle du Pellier, plus des trois-quarts étaient des femelles. Françoise Boillot, avant nous, avait fait la même constatation dans les Vosges et nous expliquait que les femelles ont, sans doute, de plus grands besoins en sels minéraux !

Pour pallier cet inconvénient de la sélectivité des cages, nos collègues Jean-Paul Ferbayre et Louis Bantin sont en train d'expérimenter, dans le secteur-test de Termignon, en milieu découvert d'altitude, une méthode de capture, au moyen de laçet, mise au point dans le Parc National des Pyrénées Occidentales, sur l'Isard. Celle-ci réclame beaucoup de vigilance et de surveillance du système, plus encore peut-être que les trappes. »

« En pratique, quelles sont les informations supplémentaires que vous permettent de recueillir les Chamois identifiés individuellement, grâce au jeu de couleurs de vos médaillons ? »

« D'abord nous pouvons témoigner, avec quatre années d'expérience, que ce système de marquage léger et peu coûteux, est fiable, à condition que l'on sélectionne soigneusement les coloris — certains comme le blanc ont tendance à se ternir au soleil ! — Ainsi, sur la trentaine de Chamois marqués, trois seulement n'ont pas été recontactés ; par contre, la lisibilité de ces marques, bien que discrètes, peut être portée à deux kilomètres, lors de bonnes conditions d'éclairement, grâce à l'utilisation de nos longues vues équipées d'objectif de X 40. Mais pour répondre à votre question, le suivi d'animaux marqués permet des études fines telles que :

— la délimitation des domaines vitaux annuels ou saisonniers et leur évolution dans le temps, en fonction par exemple, de l'âge ou du sexe de l'animal ; ou encore, du dérangement lié au tourisme estival ou hivernal,

— l'appréciation de l'impact cynégétique, aussi bien quantitatif que qualitatif sur la structure des hardes de Chamois sises, une partie de l'année seulement, en zone centrale du Parc,

— En outre, nous devons à cette présence d'animaux marqués, d'avoir pu mesurer, avec objectivité et de façon originale, l'évolution spatiale et l'incidence d'une maladie aussi spectaculaire et contagieuse que la Kératoconjonctivite. »

« Précisement à ce sujet, n'aurait-il pas été souhaitable, malgré tout, d'abattre les individus gravement atteints afin d'éviter la contamination de tout le cheptel du Parc ? »

« Vous soulevez là l'épineux problème auquel nous avons été confrontés en 1983, lorsque cette épizootie, progressant inéluctablement depuis le Grand-Paradis, a commencé à sévir en Haute-Maurienne ; Vous devez vous imaginer les pressions que nous avons subies alors, étant donné que partout ailleurs, en Italie, mais aussi dans les Pyrénées et plus près de nous, dans la Réserve Nationale de Chasse des Bauges, des abattages avaient été pratiqués.

En réalité, nous savons maintenant grâce à Dominique Gauthier et Jean Hars, nos deux vétérinaires, que lorsque la maladie s'exprime en un lieu donné, l'agent pathogène, que l'on pense être un mycoplasme, a déjà contaminé la plupart des Chamois, puisque, quelle que soit la densité des hardes, 80 à 85 % des animaux sont atteints en l'espace d'une semaine.

Selon le principe que vous évoquez, il aurait donc fallu abattre au moins quatre mille Chamois dans le seul Parc National de la Vanoise !

En fait, il s'est avéré que 80 % des sujets malades, y compris à des stades avancés de kératite, ont guéri spontanément ; la moitié des sujets recouvrant la vue en trois semaines.

Ces chiffres ont pu être corroborés par le « suivi » des individus marqués puisque, à l'époque où a sévi cette épizootie, nous disposions de dix-huit Chamois « bagués » dans le secteur des Eaux-Noires. Seize de ces dix-huit animaux ont été concernés par la Kératoconjonctivite et quatorze ont guéri spontanément. Deux sujets identifiés — les femelles « blanche-gauche » et « blanche-droite » — n'ont pas été revus après le mois d'octobre ; il faut donc supposer qu'elles ont péri ou qu'elles ont quitté ce secteur !

Outre le fait d'avoir permis de faire progresser les connaissances sur l'étiologie et la cinétique de cette maladie, ces animaux marqués ont démontré que l'application de mesures prophylactiques telles que le tir des Chamois atteints n'était pas fondée. »

« Vous semblez, la plupart, assez chatouilleux sur les questions de chasse, particulièrement de chasse au Chamois, pourquoi cela ? »

« Pour bien saisir la situation, il convient de se replacer dans le contexte historique du Parc National ; il est vrai que, durant les dix ou quinze premières années, nous avons eu un peu trop tendance à « restreindre » le rôle du Parc à celui d'une simple Réserve de faune, et à mesurer sa « réussite » à la progression de son cheptel d'Ongulés sauvages, la chasse exercée en Zone Périphérique apparaissant alors comme une entrave à ce seul objectif quantitatif.

Aujourd'hui, les idées ont évolué ; nous essayons, au-delà de la simple conservation, d'assumer d'autres

missions, telle que la participation à des études scientifiques et la valorisation de ces connaissances biologiques, auprès du public.

Par ailleurs, nous nous efforçons de faire en sorte que ces données servent d'aide à la gestion des populations et des milieux : c'est en cela que nous sommes « chatouilleux », comme vous dîtes, sur les questions de chasse au Chamois ; nous n'entendons pas cautionner des pratiques qui ne reposent sur aucun fondement rationnel, alors que nous disposons maintenant, les uns et les autres, d'informations suffisamment précises pour améliorer le statut d'une espèce aussi prestigieuse que le Chamois. A titre d'exemple, les statistiques concernant les tableaux de chasse de cette espèce, élaborées par la Fédération Départementale des Chasseurs de la Savoie, à partir des prélèvements effectués en Zone Périphérique du Parc, montrent que ceux-ci sont très déséquilibrés d'un point de vue qualitatif, tant sur les classes d'âge que de sexe. En effet, sur les cinq à six cents Chamois prélevés et déclarés chaque année en Zone Périphérique, 80 % ont moins de cinq ans et plus de 70 % sont des mâles. Il en résulte qu'à l'intérieur même du Parc, dans les « zones tests », nous observons des sexes-ratio, de trois femelles pour un mâle dans les Eaux-Noires et un peu moins de deux femelles pour un mâle, sur Termignon. Sur un plan quantitatif, le prélèvement est tel, en bordure du Parc, qu'il n'autorise pas la colonisation des territoires limitrophes, alors que beaucoup possèdent toutes les potentialités nécessaires.

« Voulez-vous dire que vos résultats vont dans le sens d'une généralisation du plan de Chasse au Chamois ? ».

« Nous avions, en effet, lors de l'application des premiers plans de chasse au Chamois, sur les communes de Pralognan, Saint Bon et Bozel, fondé beaucoup d'espoir dans cette façon nouvelle de concevoir la chasse. En fait, avec du recul, nous constatons que tels qu'ils sont appliqués aujourd'hui, en étant contractuels par Association Communale de Chasse Agréée, ces plans n'apportent pas tous les progrès que nous escomptions, ni sur le plan qualitatif — nous reconnaissons d'ailleurs que c'est difficile — ni sur le plan quantitatif, puisque, en périphérie du secteur des Eaux Noires, par exemple, il ne se tire pas moins de 40 % des sujets recencés dans le massif ; c'est beaucoup trop, car sans l'apport d'autres hardes du Parc, il n'y aurait pratiquement plus de Chamois dans ce secteur ! »

« En définitive, vous n'êtes donc pas fondamentalement hostile au principe de la Chasse au Chamois, en dehors du Parc ? »

« Au principe non ! Il ne faut pas se tromper « d'adversaire », la chasse soulève quelques problèmes qui, pour une espèce non menacée comme le Chamois, paraissent relativement solubles ; nous essayerons, par le biais de notre participation au Conseil Départemental de la Chasse et de la Faune Sauvage, sinon de les résoudre, du moins de faire progresser cette situation par une diffusion de nos résultats. Les véritables questions de Protection de la Nature, il faut le répéter, sont les questions d'atteinte des milieux ; c'est en cela surtout que nous attendons davantage des chasseurs de Chamois : qu'ils se manifestent à nos côtés, pour défendre non seulement « le gibier », mais les montagnes tout entières dont ils se disent, comme nous, Amoureux ! »

Ci-contre :
Durant l'hiver, l'épais pelage brun-noir du chamois le protège du froid et son sabot, muni d'une membrane, facilite ses déplacements dans la neige.

PEISEY LES ARCS

Sur les places de chant des Tétras-lyre, les ombres bleues de la nuit se retirent.

Rosuel, porte du Parc National de la Vanoise, que l'on quitte avant l'aube, pour compter les Tétras-lyre.

Dix-neuf mai 1984

Le crépitement du feu et la lueur des flammes s'intensifient dans la cheminée, située au centre de la pièce, comme une invitation lancée à chaque équipe de rallier le refuge de Rosuel. Au fur et à mesure de l'arrivée des participants au comptage, André et Michel attribuent les secteurs à prospecter ainsi que les cartes et les fiches d'observation ; "le guide Trésallet couvrira le district du lac de l'Etroit. Pour accéder au Grand Bois, une avalanche, dès le premier couloir, barre le passage, aussi conviendra-t-il que Aubrais fasse le tour par Montchavin".

Michel connaît mon désir d'aller recenser sous Bellecôte : *"Tiens,* dit-il, en me tendant la fiche correspondante*, t'as pas choisi ! Jeannette, munie d'un objectif photo de cinq cents millimètres, t'accompagnera".*

Vingt mai 1984

Deux heures du matin, les équipes qui doivent effectuer les marches d'approche les plus longues se lèvent : il est, en effet, impérieux d'être en place au lever du jour !
André nous fait profiter largement de son départ en nous restituant la montre-réveil : *"Merci, elle m'a bien servi, claironne-t-il !"*

Trois heures, c'est à notre tour d'essayer de nous débarrasser de l'étau de brume qui nous serre les tempes : une poignée d'eau fraîche nous aide à cela. Avec l'efficacité de semi-somnambules, nous rassemblons le matériel et ingurgitons un semblant de petit déjeuner, tout en essayant de répondre au mieux aux ultimes questions de ceux qui "pratiquent" le petit coq pour la première fois. Après m'être battu avec une guêtre, à la fermeture éclair grippée, nous démarrons : il est quatre heures cinq. Sur le pas de la porte, notre regard cherche à capter des étoiles, en vain ! Le temps est doux et couvert. Le bout de route est vite absorbé, nous traversons le pré Envers tout déneigé ; il exhale une odeur de fumier fraîchement répandu. Nous atteignons le ruisseau de Rosuel sans trouver le bon passage, ce qui vaut à mon sac à dos une altercation avec un Saule crochu ! Le culot de l'avalanche franchi, nous parvenons au pied de la moraine. Décidément, l'atmosphère est pesante, nous ôtons les anoraks. En face, au-dessus de Beaupraz s'agite la petite chandelle d'un autre équipage. Le Mélèze à tête brisée et la croix que nous trouvons renversée nous "accordent" le sommet de la moraine, seul le bruissement d'une menue cascade, sur notre gauche, froisse le silence. Nous parvenons à la neige insuffisamment croûtée en surface et visqueuse en sous-couche.

Quelques dizaines de mètres d'essai suffisent à me convaincre de grimper, tout droit, dans la pente, en me tractant sur les branches émergées d'Aulnes verts. Bien qu'efficace, cette solution demeure néanmoins pénible et n'exclut pas d'enfoncer parfois jusqu'aux hanches. L'obscurité ternissante rend encore plus forte l'odeur résineuse dégagée par les tiges agrippées. Elle m'imprègne jusqu'à me rappeler la saveur forte qu'avait prise la chair de ce Tétras-lyre que nous avions trouvé, tué par une avalanche, au mois de février. Les bourgeons qui dilataient son gésier étaient effectivement des bourgeons d'Aulnes verts.

Quatre heures cinquante-cinq, alors que la pente se relâche, un cri d'alarme lancé par un Merle à plastron ouvre le concert des oiseaux. Un Rougequeue noir lui donne la réplique, suivi bientôt, plus en aval, par une Grive musicienne... Ce trio matinal de Turdidés est vite renforcé par le premier roucoulement de Tétras-lyre, émis depuis la rive gauche du grand couloir d'avalanche.

Cinq heures cinq, l'obscurité se dilue, le plateau se profile, j'atteins un des derniers Mélèzes squelettiques et provoque, incidemment, l'envol bruyant d'une poule de Tétras, dont les "cancanements" ponctuent la large courbe qui la conduit en ligne de crête.

Cinq heures vingt, alors que nous rampons sur l'échine d'une moraine débarrassée de neige et toute ébouriffée de tiges séchées d'une grande graminée, une seconde poule nous atterrit droit dessus ; impossible de gagner le cœur de la vaste arène naturelle où, en divers rings, vont se livrer les combats des mâles sans déranger à nouveau cette femelle ! De fait, elle s'envole avec une trajectoire d'allure et de direction analogue à la précédente. A peine ce second incident effacé, un roucoulement puissant, relayé aussitôt par un chuintement, éclate à proximité de nous, juste en contrebas. Nous nous étirons dans cette direction avec d'infinies précautions et apercevons, tout d'abord, une troisième poule qui se dandine sur la neige. Plus de doute, malgré les conditions météorologiques maussades, nous nous trouvons au plus fort des pariades, jours privilégiés où les femelles honorent de leur présence les joutes des preux chevaliers. Comme un diable mû par un ressort, un mâle apparaît brutalement dans notre champ de vision, projeté au-dessus du sol par une succession de sauts battus. Chaque bond, entrecoupé de chuintements, place l'oiseau envoûté sous un angle nouveau et dévoile davantage son plumage nuptial : tantôt l'éventail immaculé des sous-caudales enchassé dans les lyres aux reflets bleu-violacé, tantôt la poitrine et les flancs couleur de jais rebondis comme ceux d'un bombardier, les ailes trop lourdes, la tête enluminée des caroncules rouge vif, dilatées à outrance.

Malgré l'humidité du sol qui nous envahit, nous restons une demi-heure durant, subjugués par ce ballet. Brillance des jumelles ou de l'objectif, volonté d'engager désormais le corps à corps, l'oiseau, aussi soudainement qu'il était apparu, fondit comme un mirage.

Six heures vingt-cinq, l'instant n'est plus à la contemplation, de divers bords, danses rituelles et combats d'intimidations battent leur plein, et nous devons appréhender de la façon la plus exacte possible le nombre de mâles situés sur notre secteur. *"Regarde dans la longue-vue, en voici deux autres qui s'affrontent"* ; le plus haut placé trône stoïquement, alors que l'autre exécute une danse fébrile, queue étalée, ailes tombantes, en émettant des tambourinements.

Six heures quarante-cinq, avec ces trois mâles supplémentaires plus ce quatrième, situé en face, au-delà du petit thalweg, cela fait en fin de compte un minimum de quatre poules, un mâle entendu et non localisé (celui en rive gauche du grand couloir d'avalanche) et huit mâles observés.

Sept heures, quelques flocons mouillés filtrent au travers du plafond bas, qui, par-delà les crêtes de la Cicla, masque le grandiose décor des séracs du Pourri et de la Sache. Ambiance quelque peu pesante qui ne suffit pourtant pas à étouffer la joie profonde que procure cette tâche accomplie positivement au sein d'une nature authentique.
Un à un, les résultats de la quinzaine d'équipes engagées cette matinée-là viennent confirmer que, dans les secteurs épargnés par les aménagements touristiques, les populations de Tétras-lyre, à l'issue de cinq années de dénombrement, se maintiennent. Mieux, du fait des conditions favorables à la reproduction du printemps dernier, nous avons réussi à déceler un accroissement des effectifs de quelque vingt pour cent.

Vingt-trois mai 1984

Trois heures quarante-cinq, nous faisons avec Alain les pieds de grues devant le téléphérique de Bourg-Saint-Maurice. Cependant, Guyomarc'h et son collègue de l'Office des Forêts ne se font point attendre ; leur véhicule de service s'arrête à notre hauteur. Salutations brèves mais fraternelles des routiers de nuit. *"Je te suis Guyo, on s'arrêtera sous Arc 2000 au départ du téléski des marmottes"*. Je me cale sur ses feux-arrière et absorbe, en tenant toute la route, les kilomètres qui grimpent aux Arcs. Virages, nappes de brume, chamboulement du torrent de la Ravoire, virages, image fugitive d'un Lièvre sur un talus, embranchement d'Arc 2000, première galerie pare-avalanches, deuxième galerie, feux-stop. On se sépare ; "Guyo" et son collègue partent prospecter la rive droite, le secteur de Ronaz, il nous revient donc avec Alain de fouiller les Dailles, ce qui assurera la jonction avec les territoires dénombrés depuis Peisey.

Cinq heures cinq, il "neigeote" dans le fond du vallon, en direction du col des Frettes, un coq roucoule sans enthousiasme. A cinq heures dix, il cesse définitivement ses vocalises, ce qui ne nous aura pas même laissé le temps de l'apercevoir. Nous aurons beau ensuite arpenter minutieusement, oreilles tendues, la route d'Arc 2000, au "champ de massacre" de Pré Saint-Esprit, puis au-delà jusqu'au chalet des Têtes, aucun nouveau contact avec l'espèce ne sera possible. A sept heures trente, la reprise des travaux sur le chantier situé à l'amont de l'immeuble paquebot échoué en travers du haut vallon d'Arc 2000, sonne définitivement la fin de l'épreuve. Plus que de longs commentaires, les résultats dans ce secteur qui avait la réputation, au dire même des chasseurs, d'être le meilleur de toute la Tarentaise, sont sans appel. De quinze mâles en 1980, ils n'étaient plus que cinq en 1981, deux en 1982, zéro en 1983 et un en 1984. Rappelons que, dans le même temps dans les secteurs voisins non aménagés, les effectifs se sont non seulement maintenus, mais ont parfois même pour cette année augmenté de façon significative.

D'aucuns m'accuseront de vouloir sauver les coqs et tuer les gens du pays ! Que ceux qui souhaitent jeter cette pierre examinent d'un peu plus près le bilan économique de l'opération, nous pourrons ensuite ensemble essayer de dresser le bilan écologique, car, en effet, si prestigieux soit-il, le Tétras-lyre ne constitue malheureusement qu'un indicateur parmi d'autres de cet état de fait !

La longue-vue, outil indispensable pour dénombrer convenablement les Tétras-lyre.

Le Tétras-Lyre

La plupart des études anciennes menées sur le Tétras-Lyre, tant en France qu'à l'étranger, révèlent, plus que pour toute autre espèce, le travers misogyne de certains Scientifiques !

La littérature croule, en effet, on pourrait dire roucoule, dans le cas présent, sous les descriptions des parades nuptiales du Sexe « Fort » ?

Je ne cherche pas à contredire le fait que ces manifestations sont particulièrement spectaculaires, bien au contraire, quiconque se sera procuré la joie d'observer ces « preux chevaliers » d'altitude, à l'aube d'une journée de Mai, en sera resté fasciné ! Il ne parait manquer, en effet, que le foulard de soie et les trompettes de cuivre, pour se retrouver précipité au cœur des joutes du moyen-âge !

Cependant Messires, ne vous y trompez pas, rabaissez vos heaumes car, en tout état de cause, ce sont les « Belles » qui éliront leur Seigneur afin que d'âge en âge soient perpétués les « petits coqs de bruyère ».

Ceci constaté, par-delà la fascination qui émane des arènes, il faut admettre que, sans ces rituels, on aurait difficilement pu démontrer, ces dernières années, qu'en de nombreuses situations, notre Tétras est menacé de disparition !

Ici, ce pourra être les troupeaux transhumants qui, arrivés tôt en saison, compromettent le devenir des nichées, là, la pression cynégétique excessive sur les jeunes classes d'âge mais chez nous, dans les Alpes du nord, le « mal qui répand la terreur » semble bien être la course à « l'or blanc », engagée malencontreusement sur les mêmes milieux que ceux d'élection de nos oiseaux : la limite supérieure de la forêt, ou zone de combat, située, en versant nord, autour de 2 000 m d'altitude.

C'est ainsi qu'en Haute Tarentaise, six années de dénombrement des mâles de Tétras-Lyre, sur les places de chant, ont permis de mettre en évidence trois types de situations.

Tout d'abord, dans les secteurs, comme la rive gauche du Ponturin, jusqu'ici, épargnés par les aménagements touristiques lourds avec leurs toiles d'araignée de pistes et de remontées mécaniques, les densités de population sont restées stables, soit deux « coqs », en moyenne, pour cent hectares de milieu favorable.

En second lieu, dans les zones qui ont « bénéficié » d'équipement avant les années 1980, comme Arc 1 600 ou Arc 1 800, les populations paraissent ne plus guère évoluer, mais cette fois-ci, avec un seuil de densité quatre fois moins important que précédemment, soit inférieur à un mâle de Tétras-Lyre pour deux-cents hectares.

Enfin, et c'est là le fait le plus éloquent, dans les milieux équipés depuis 1980, comme Arc 2 000, la chute des effectifs, en cinq ans, a été de plus de 50 %.

La « démonstration » étant sans appel, restait, pour pouvoir formuler des recommandations, pour de futurs aménagements, à appréhender les mécanismes d'intervention des équipements touristiques, non seulement sur les « coqs à la parade » mais durant la totalité du cycle annuel des oiseaux et l'ensemble de leur domaine vital, en particulier, celui des « poules » chargées d'assurer la nidification et l'élevage des poussins.

Non loin des places de chant qui, du fait de leur position topographique « en mirador », sont très convoitées pour édifier : pylônes de télécabine, restaurants d'altitude voire immeuble du club Méditerranée, se rencontrent, presque toujours, les milieux favorables à la nidification.

Outre l'impact direct de certains travaux par leur emprise au sol : hectares de lande dévorés par les constructions, les parkings, les tennis et les pistes pelées au bulldozer, il importait d'essayer de mesurer l'incidence indirecte de ces équipements en période de nidification ;

Mon ami Yann a eu, pour cela, l'ingénieuse idée de placer des pontes artificielles — œufs de poule remplis de paraffine — d'une part dans un alpage aménagé pour le tourisme, et d'autre part dans un alpage ayant conservé sa vocation traditionnelle.
Le résultat a été surprenant : il a découvert que la prédation, par les Corvidés et le Renard — ceux-ci laissent dans la paraffine les témoignages de leur « visite » — était beaucoup plus conséquente dans le premier cas, que dans le second. Comme quoi un malheur a toujours du bon ! puisque les déchets de notre société semblent bien profiter à des petits malins ; dommage cependant que ces derniers aient gardé le bec et la dent aiguisés vis à vis de la faune sauvage, qui se trouve ainsi plus « pénalisée » que de coutume.

Après ces incidences sur les pontes, la « curiosité » se porte, tout naturellement, sur le « succès de la reproduction », traduisons en clair, sur le pourcentage de poules de Tétras ayant niché ainsi que le nombre moyen de poussins, pour un territoire donné.

L'affrontement spectaculaire des mâles de Tétras-lyre, au cœur des pariades.

Question pertinente sans nul doute, mais difficile et de surcroît délicate ! Là encore, la technique peut surprendre puisque le biologiste, avec sa seule intuition et ses grosses chaussures, se révèle impuissant à répondre, tout au plus parviendra-t-il à écraser un poussin dont la stratégie de défense, durant ses premiers jours, consiste à se « dissoudre » sous la première touffe de myrtille venue.

La solution employée par André, un autre de mes amis, se nomme Uki ; ne partez pas, ce n'est pas un sigle barbare du style : Unité Kilométrique de quelque chose, c'est seulement le nom de son magnifique Setter anglais dressé à la perfection comme chien d'arrêt pour le Tétras-Lyre.

Le dressage aura nécessité une saison complète pour être spécialisé hautement sur les « petits coqs » ; ne pas enfourcher la piste sinueuse d'un Blanchon ou celle à l'odeur puissante d'une bonne Marmotte. Marquer l'arrêt, le plus loin possible, pour ne pas « bourrer » les oiseaux, tenir cet arrêt assez longtemps, telles étaient les deux règles d'or que dut apprendre sur le bout de la truffe, ce brave Uki ; ayant de qui tenir, parmi ses ancêtres « Du Padouing », il s'en acquitta d'ailleurs à merveille !

Nous sommes en Août, à la pointe du jour, à cette époque, les poussins sont devenus suffisamment grands ; c'est le meilleur moment pour les dénombrer, à condition que le temps ne soit pas trop sec, pas trop humide non plus ; Uki se surpasse lorsque la lande est enveloppée d'un rien de rosée qui distille les effluves de la sauvagine !

Il jaillit de la banquette pour se dégourdir les pattes, très vite, la voix du maître retentit, il ne s'agira pas ce matin d'une vulgaire promenade d'agrément mais de la tâche exaltante du chien — chercheur — scientifique : explorer avec minutie, à la montée, une bande de terrain, contiguë à celle de la veille, d'environ deux-cents mètres de largeur sur cinq-cents mètres de dénivellé au moins, de quoi zigzaguer sans relâche pendant quatre à cinq heures. Uki est à son affaire, André s'éreinte pour ne pas le perdre de vue dans une jungle d'Arcosses ; il est bientôt midi et le bilan est plutôt maigre : « une place chaude » qu'un oiseau venait de quitter. Pourtant, tout n'est pas perdu, André sait que ce milieu frais, quasiment inexpugnable, est particulièrement attractif pour les nichées lorsqu'elles ont terminé de « pâturer » dans les landes à Ericacées. Uki remue la queue, c'est bon signe, brusquement son grelot cesse de tinter, André le rejoint exténué et voit le Setter magnifique, tendu et pétrifié, une patte en l'air comme s'il avait oublié de la ranger. Un puis deux, trois et quatre ensemble, enfin la poule et un autre jeune plongent avec fracas « droit » dans la pente : il était temps, l'équipage allait sortir des fourrés pour gagner la « stérilité » des pelouses alpines.

Quatre cents hectares du domaine des Arcs parviendront à être explorés, avec cet acharnement, avant la fin de l'été. Par référence, le versant de Villaroger, encore épargné, abritait des densités de couvées deux fois plus élevées que celles rencontrées ici. Le nombre moyen de poussins par nichée est, par contre, analogue dans les deux situations, proche de cinq, ce qui tend bien à montrer que c'est l'intégrité de la zone de reproduction et d'élevage qui est en cause .

L'automne maintenant se hâte d'embraser les Mélèzes, d'enluminer de vermillon les grappes des Sorbiers, de dilater de sucs délicieux les Airelles ; ce serait le paradis des saisons pour les « coqs » si, montant du fond des vallées, d'autres chiens, plus belliqueux, ne venaient les lever pour un ultime plongeon ! combien seront prélevés ainsi par la chasse, quelle fraction de la population cela représente-t-il ? On l'ignore, d'ailleurs, pourquoi s'en soucier, puisque chez nous, la faune est « *res nullius* » : elle n'appartient à personne !

Durant la nuit, le grand décor blanc est tombé, des rafales glacées se glissent jusque sous les aiguilles des Arolles ; l'heure n'est plus aux festins, il va falloir survivre durant de longs mois de disette en picorant, à l'aube et au crépuscule, des pousses de résineux ou des bourgeons d'Aulnes verts.

Entre ces deux prises de nourriture, lorsqu'on est Tétras, on passe le plus clair de son temps enfoui dans la neige fraîche d'un versant Nord. Un regard averti peut deviner un tel « igloo », à quelque distance, avec son trou d'entrée et non loin, une petite dépression en surface de la neige correspondant à la localisation précise où séjourne l'oiseau.

Au printemps, lors de la fonte des neiges, ces zones restreintes, favorables à l'hivernage, se trahissent par des amas de crottes ligneuses.

Pour l'instant, nous sommes en février, la saison de ski bat son plein, la poudreuse n'a plus guère de secret, le moindre couloir est « godillé ». De dessous les spatules, trois « coqs » se sont envolés, après l'étonnement, c'est la joie de raconter cette aventure aux amis ! Les petits Tétras, eux, ont dû quitter l'abri en catastrophe, le stress passé, ils ont été contraints de se percher à la cime d'un Mélèze en plein froid. Jour après jour, ils seront repoussés dans des secteurs moins propices pour la nourriture, mais aussi pour s'enfouir. Pourront-ils survivre aux dérangements successifs, aux pertes énergétiques excessives ? là encore, nul ne le sait !

Un pisteur, ce matin, en remontant le téléski des Marmottes, a découvert une poule décapitée ; c'est le cinquième Tétras trouvé mort cette saison. Curieux ces oiseaux qui se tuent, comme cela, par temps de brouillard ; d'ailleurs, c'est toujours à peu près sur le même tronçon et plutôt sur les téleskis que sur les télésièges ! Les oiseaux auraient-ils des couloirs de vol privilégiés ?

Les études menées consciencieusement soulèvent, souvent, plus de questions qu'elles n'apportent de réponses définitives ; il en est exactement ainsi dans le cas du Tétras-lyre. Néanmoins des consignes pratiques peuvent être édictées d'ores et déjà à partir des premiers résultats de ces recherches : Pose de filets afin de préserver de la pratique du ski des zones identifiées comme capitales pour l'hivernage, ou encore des places de chant. Limitation, durant le printemps et l'été, dans les zones de reproduction et d'élevage des jeunes, de l'accès aux engins de tourisme motorisés. Essais de matérialisation des câbles de remontées mécaniques particulièrement meurtriers... autant d'expérimentations « curatives » qui seront entreprises dans un proche avenir grâce à la compréhension de la station des Arcs où ont été menées la plupart de ces études.

Pourquoi ne pas souhaiter également que, dans les projets d'équipements futurs, le milieu naturel, dont le Tétras-lyre est l'un des indicateurs les plus prestigieux, soit pris en considération avec davantage de sérieux ! Faute de cela, notre département de la Savoie pourra, s'enorgueillir d'accueillir les Jeux Olympiques d'hiver en 1992, mais certainement pas de briguer une médaille, fût-elle de bronze, pour le respect de son patrimoine naturel...

Chaque bond, entrecoupé de chuintements, place le coq envoûté sous un angle nouveau et dévoile davantage son plumage nuptial.

ALENTOUR DU MONAL

OU LES PÉRIPÉTIES D'UNE RÉSERVE NATURELLE

Glaciers du Mont-Pourri, mélèzes embrasés de lumière à l'automne ou vieux chalets de pierre se reflètent dans les mares du Monal.

Le site de la Raie
discrètement dissimulé
au fond du ravin de l'Isère.

« Plusieurs mares aux eaux de cristal rehaussent le site pittoresque du Monal ; glaciers du Mont-Pourri, Mélèzes embrasés de lumière à l'automne ou vieux chalets de pierre pourront se refléter au détour du chemin..." C'est par cette brève légende, figurant au dos d'une carte postale, que se trouve évoqué l'un des plus célèbres hameaux de Haute-Tarentaise. Il paraissait donc superflu de présenter plus avant ce lieu maintenant classé, qui a servi de décor, avec beaucoup de bonheur, à un film récent sur les traditions du colportage entre Savoie et Piémont !

Par contre, à l'amont et à l'aval de ce paradis alpestre, le site du Clou et encore plus celui de la Raie, discrètement dissimulé au fond du ravin de l'Isère, au-dessus de Sainte-Foy Tarentaise, sommeillaient dans l'abandon de leurs alpages, jusqu'à ce que bondisse et rebondisse, à partir de 1978, le projet d'aménagement hydro-électrique complémentaire de la Haute-Isère présenté par Electricité De France.

— Projet justifié, sur le plan énergétique, par la crise pétrolière de 1973 et la nécessité de "moduler" au rythme des besoins, la production électrique d'origine nucléaire.

— Projet assorti d'une volumineuse étude d'impact où sont soigneusement exposées et analysées les incidences écologiques et économiques des retenues.

— Projet largement souhaité, par les communes concernées de Sainte-Foy Tarentaise et de Villaroger, pour les perspectives de développement économique et touristique qu'il allait engendrer.

Un seul grain de sable "s'élevait" malgré tout sur le parcours du puissant Service National ; le bassin intermédiaire de la future Station de Transfert d'Energie par Pompage*, celui de la Raie, allait noyer, après édification d'un barrage d'une centaine de mètres de hauteur, neuf hectares quarante du Parc National de la Vanoise, établi en rive gauche de l'Isère.

De façon à pouvoir mettre à exécution son projet, E.D.F. sollicita l'autorisation du Conseil d'Administration du Parc en 1978, en 1981, puis en 1982. Cette assemblée, pour le moins partagée, autorisa E.D.F. à effectuer les travaux de reconnaissances nécessaires à l'approfondissement de son dossier, mais refusa néanmoins, lors de chacun de ses votes, le principe de l'aménagement final.

A ce sujet, il convient de préciser que la réalisation projetée, à caractéres industriel et commercial est, sur le plan juridique, contraire au décret de création de l'Etablissement Public, puisque non inscrite à son programme d'Aménagement. En conséquence, le Conseil d'Administration du Parc pouvait émettre un avis sur le projet de barrage, mais en tout état de cause, l'autorisation définitive ne pouvait être octroyée qu'au plus haut niveau, par le Gouvernement, après avoir "tranché" entre les intérêts économiques et énergétiques de la Nation et ceux de son patrimoine naturel reconnu également d'intérêt général !

Au demeurant, le Conseil d'Etat, interrogé sur les perspectives de cette "Affaire", qui n'était pas sans évoquer celle fameuse du glacier de Chavière, dans les années 70**, attira l'attention sur le fait qu'il convenait, dans l'hypothèse de réalisation de l'ouvrage de la Raie, de soustraire, de la Zone Centrale du Parc National, le secteur concerné, ce qui entraînerait, du point de vue juridique, une révision de l'ensemble des limites du Parc ; procédure non sans risque comme on peut l'imaginer, à proximité des grandes stations de sports d'hiver en particulier.

* Les Stations de Transfert d'Energie par Pompage (S.T.E.P.) consistent en retenues à plusieurs niveaux entre lesquelles l'énergie hydraulique est transférée vers l'aval, aux heures de "pointe" et vers l'amont, durant les heures "creuses".

** Jean Carlier (1972) : Vanoise, Victoire pour Demain. Edit. Calmann Lévy. Paris. 250 pages.

On tenta bien d'avancer que la retenue aurait une incidence "marginale" sur le Parc, qu'elle n'altérerait pas son "caractère" ; il paraissait, malgré tout, bien difficile d'échapper à cette procédure de déclassement !

Est-ce pour cette raison et les "turbulences" que la remise à l'Enquête Publique des limites du premier Parc National Français risquaient d'entraîner ? Est-ce plus simplement parce que, dans l'intervalle, les besoins estimés en énergie avaient diminué ou encore parce que les travaux de reconnaissance avaient fait apparaître des difficultés géologiques insoupçonnées au niveau du lit de l'Isère ? Toujours est-il qu'en 1985, une décision officielle "suspendit" ce projet de barrages hydro-électriques de la Raie et du Clou, écartant, au moins momentanément, le précédent que cette réalisation aurait créé pour les Parcs Nationaux de notre pays.

De la même manière que pour "l'affaire de Chavière", il convient, malgré cet apparent succès de la Protection de la Nature, de ne pas se méprendre ; en effet, il ne fait pas de doute que ce ne sont pas les arguments d'ordre scientifique, exposés dans l'étude d'impact, qui ont pu faire, en dépit de leur validité, pencher la "balance" du côté de l'Environnement, mais bien la conjoncture économique et politique.

Lorsque fut porté, à la connaissance du Comité Scientifique du Parc National de la Vanoise, en avril 1985, la décision officielle de suspendre le projet de barrages, cette docte assemblée, non sans un zeste de facétie "se félicita de la sagesse de la décision gouvernementale, conforme à l'intérêt général, et félicita le Conseil d'Administration du Parc National de la Vanoise de s'être opposé, à quatre reprises, au principe de cet aménagement, sinon à certains travaux dits préliminaires".

Cependant de façon plus formelle, "le Comité Scientifique qui constitue l'un des outils de connaissance et de gestion du Parc National et de sa zone périphérique, demanda l'octroi de moyens d'étude permettant de définir objectivement l'ampleur des travaux de reconnaissance et leur impact sur la flore, la faune et le paysage des sites de la Raie et du Clou. A l'issue de ces études, le Comité Scientifique, faisant la part entre les dommages respectivement qualifiables de réversibles et d'irréversibles, demanda :

— pour les premiers, la remise en état des lieux,

— pour les seconds, la définition et la prise de mesures compensatoires.

Assumant au mieux ses responsabilités, dans l'esprit souhaité par le Comité Scientifique, Electricité De France, à quelques mois de là, en octobre 1986, réunit les différentes parties et administrations concernées, de façon à pouvoir effectivement mettre en œuvre la réhabilitation des sites altérés par les sondages, ou à défaut "offrir" au milieu naturel des compensations.

En tout état de cause, en dehors de quelques "égratignures" au bulldozer, le Parc National de la Vanoise paraît, cette fois encore, sorti à peu près indemne de cette aventure !

Cependant, celle-ci rappelle à nouveau, s'il était nécessaire, que malgré le statut de Parc National, le plus absolu qui soit, rien n'est jamais définitivement acquis en matière de territoire protégé ; qu'il existe et qu'il existera toujours de multiples intérêts divergents, à court et moyen terme, pour tenter de contourner, grignoter, échanger telle ou telle parcelle incluse dans l'un ou l'autre de nos Parcs Nationaux : ici, l'on suggérera de capter un plan d'eau à l'intérieur des limites, pour alimenter une station de ski, là, d'établir des remontées mécaniques en travers de la zone centrale de façon à joindre deux domaines skiables... les exemples pourraient être multipliés en Vanoise, mais aussi dans les Ecrins, le Mercantour ou les Pyrénées.

La plupart de ces projets sont d'ailleurs assortis de "monnaie d'échange", afin que globalement, exprime-t-on, la Nature en général et les Parcs en particulier ne sortent pas amoindris à l'issue de ces aménagements. Certes, ces intentions sont louables, mais elles posent, en outre, la question de la validité des limites des espaces protégés et par ailleurs, celle de la stabilité des secteurs d'échange sur lesquels pourraient, à nouveau, être formulés d'autres projets d'aménagement. De fait, si notre imagination à "construire" ne semble guère connaître de cesse, l'espace naturel, lui, connaît ses bornes depuis fort longtemps !

Au sujet des contours des Parc et des Réserves, ceux-ci traduisent plus souvent les difficultés des négociations effectuées au moment de leur création, que les périmètres de véritables entités écologiques. Ainsi, le Parc National de la Vanoise offre moins de un pour cent de secteurs boisés, alors que ce milieu, dans ses limites supérieures, est particulièrement propice à l'hivernage du Chamois, ou à l'accomplissement du cycle biologique du Tétras-lyre !

Mon propos n'est cependant pas de remettre en cause, ni même de critiquer, bien au contraire, les "Grands Jardins des Français", ceux-ci doivent demeurer pour le bien de tous et des générations futures ! J'ai seulement souhaité attirer l'attention sur les fait que la pérennité des espaces protégés dépendait en grande partie de l'attachement que chacun de nous leur manifeste : nous, citadins, qui en avons un profond besoin pour retrouver nos "racines", nous, montagnards, pour qui ils constituent d'irremplaçables atouts culturels et touristiques.

Demain "fleuriront" d'autres "affaires de Chavière", d'autres projets de barrage ; de nous, pour beaucoup, dépendra leur accomplissement ou leur rejet, de nous, dépendra que le Monal et ses alentours conservent ou non leur valeur patrimoniale.

Le Tichodrome

L'impartialité du naturaliste se heurtera longtemps encore à l'attraction de certaines espèces. Cette sensibilité nuit sans doute à l'écologue qui accorde à la plante ou à la bête mythique une place trop importante dans les biocénoses.

Ainsi le Tichodrome échelette a-t-il, souvent pour l'ornithologue amateur, cet attrait légendaire. Est-ce l'image trop brève du ''papillon des murailles'' qui déclenche inexorablement le désir de l'observer davantage ?

Une méticuleuse inspection des parois ombragées, des faces ruisselantes, des dalles instables, commence alors. Il faut compter sur le temps, fouiller toujours, écouter aussi. L'oiseau spectaculaire est paradoxalement discret.

En ce début de juillet, je l'aperçois pour la troisième année consécutive dans le secteur du Monal ; est-ce un hasard ? Ce dièdre couronné d'un surplomb efficace ne semble-t-il pas suspect ? L'oiseau pénètre en effet sous cet abri naturel, mais en ressort aussitôt. Quatre jours plus tard, le onze juillet, il entre à nouveau dans la fissure ; cette fois, un pépiement discret confirme la nidification. Il emprunte chaque fois la même voie comme un alpiniste obstiné.

Dans la première partie de son ascension, il procède par petits bonds, propulsé par les ailes brusquement reployées. Cette progression pointillée le conduit à mi-hauteur du rocher. Il le gravit ensuite en partie transversalement, les pattes écartées. On perçoit le crissement de ses ongles sur la roche à la fine texture.

Il gagne ainsi la corniche juste sous le toit, une dernière inspection attentive du voisinage lui garantit l'efficacité de sa retraite. L'instant d'immobilité permet de mieux le saisir. Le bec est évidemment long mais semble moins arqué que celui du Courlis. La silhouette, malgré la queue tronquée, reste fine, ce caractère étant souligné par les couleurs sobres au repos. Les gris et beiges du ventre sont seulement tranchés par la bavette noire bien visible. Le dessus est sombre et laisse à peine présager des coloris éclatants qu'il renferme. Les pattes et les ongles démesurés le suspendent assez haut, mais lui permettent de sautiller sur le côté.

Chaque fois que reparaît ce troglophyle modeste, il surprend par l'ampleur de ses ailes arrondies, exagérée par la frange blanche et le rose indien dont il a l'exclusivité. Cette voilure, mue par un battement lent, presque stroboscopique, capte admirablement les courants ascendants. Pourtant, cette adaptation le dessert considérablement lorsque le temps est maussade, l'obligeant à déployer des efforts démesurés. Durant la phase ascensionnelle du vol, les pattes restent déployées sous le corps ; sa lenteur ordinaire n'exclut nullement des trajectoires directes étonnamment rapides. Il en est ainsi lorsqu'il emporte au loin le sac fécal de l'un des jeunes. Aucune souillure, en effet, ne dénonce le lieu secret ; bien plus, il se débarrasse chaque fois de son fardeau à plus de trois cents mètres du nid, en vol, souvent près du torrent.

L'image trop brève du "papillon des murailles".

La chasse aux insectes est méthodique dans un rayon atteignant le kilomètre. Les fissures font l'objet d'exploration systématique, mais la capture peut s'effectuer en vol, accompagnée d'un léger claquement du bec. Les gros insectes Tipules et Lépidoptères ne sont pas ingurgités, mais disposés tout le long du bec.

Les adultes arrivent séparément au nid. Fortuitement, ils peuvent y accéder ensemble. C'est alors un ballet nouveau, car ils s'animent de frémissements d'ailes, d'une agitation fébrile semblable à une parade sexuelle. Un tel comportement est inhabituel au-delà de la période d'incubation ! Si la répartition des couleurs est uniforme chez les deux sexes, il n'en est pas de même de leur intensité.

Un Trichodrome sur le bord de la fenêtre du chalet : une heureuse visite.

L'un d'eux a en effet un plumage plus contrasté. Ce même individu se manifeste moins souvent que son partenaire, par contre, il est beaucoup plus loquace. C'est lui qui semble détenir le mieux le secret de cette flûte indienne dont il tire trois à quatre notes claires et ascendantes. Son éthologie et ses caractères dépassent les simples variations individuelles et laissent penser qu'il s'agit du mâle.

Le vingt-cinq juillet, un sujet vole à proximité du nid d'une façon quasiment habituelle. Or, il s'agit d'un jeune car, outre le bec assez court, ourlé du jaune caractéristique, il ne porte pas de bavette. La calotte et le dos sont plus clairs que chez l'adulte, le duvet est si léger que le moindre souffle le rebrousse. L'escalade, par contre, reste périlleuse, les pattes sont encore trop faibles pour soutenir efficacement le corps. Rapidement, un adulte prend en charge le déserteur et, à grands renforts de sifflements, l'entraîne dans la paroi au-dessus, où il continue de le nourrir. Durant ce temps, les jeunes restés au nid reçoivent de la part du conjoint des becquées continuelles.

Quelques jours plus tard, seul le souvenir et les clichés peuvent témoigner du laborieux ouvrage de la nature... Dans les semaines qui suivirent, la montagne, un instant généreuse, reprit son aspect minéral.

Nicheur quasi-exclusif des parois, et quelques fois des habitations de nos montagnes alpines et pyrénéennes, le Tichodrome du fait, en particulier, de son régime alimentaire insectivore, se voit contraint, durant la mauvaise saison, de fréquenter des faciès rocheux aux conditions météorologiques plus clémentes que celles des hautes altitudes. C'est ainsi qu'il m'est arrivé, assez souvent, de l'observer l'hiver dans les falaises qui dominent le lac du Bourget à Brison et à la Chambotte. Il n'a, à cette époque, pas de fausse “pudeur” et ne se prive ni des carrières (je l'ai vu à celles de la Croix-Rouge), ni des édifices bâtis : ne soyez donc pas totalement surpris si vous le “croisez” au château de la Préfecture ou à Notre-Dame en pleine agglomération chambérienne.

En dehors des rapaces rupicoles tels que Faucons et Epervier, le Tichodrome doit avoir peu d'ennemis naturels : il est vraisemblable que l'observation réalisée par l'un de mes collègues du Parc de la Vanoise, Michel Filliol, d'une Belette capturant, au refuge de Vallonbrun, un Tichodrome alors qu'il explorait les anfractuosités de ses murs, relève de l'exception.

Plutôt choyée et sans doute assez épargnée par les incidences directes ou indirectes de nos pratiques modernes, voici une espèce des plus sympathiques qui, bien que possédant des effectifs partout réduits, ne semble pas être menacée à brève échéance !

Le Hibou Grand-Duc

Je suis resté un peu frustré, durant quelques printemps, sur le plan ornithologique, de n'avoir pas pu inscrire à mon palmarès, la « trilogie des Ducs », d'autant que celui qui manquait sur ma « check-list » était le GRAND, bien entendu.

Le MOYEN, lui, je n'avais eu guère de mérite à l'apercevoir puisque, au cours d'un stage d'écologie, dans la réserve de Villards-Les-Dombes, on me l'avait désigné installé confortablement, dans un nid de Corneilles, toutes « oreilles » dressées.

Le PETIT, tout petit (dix-neuf centimètres), j'avais appris à distinguer son chant de celui du Crapaud alyte, en Savoie, dans la plaine des Marches. Mais, le plus beau souvenir que je garde, de cette miniature en plumage de liège, émane de l'île de Port-Cros où, par une douce soirée de juin, un Petit-Duc que j'imitais, nous avait accompagnés avec Monique depuis la crique du Port, jusqu'au pont-levis du fort de L'Estissac où nous résidions.

Quant au GRAND, je fondais de sérieux espoirs de le découvrir, depuis que Raymond Faure, un collègue du Centre Ornithologique Rhône-Alpes, avait communiqué les horaires du chant crépusculaire de ce Hibou aussi précis, à ses dires, qu'une horloge Suisse.

Raymond avait, en effet, remarqué, au cours de ses multiples sorties sur la bordure orientale du Massif Central, que le Grand-Duc se manifeste, durant le semestre froid, de novembre à avril, avec une ponctualité remarquablement « calée » sur la descente des ténèbres.

Avant de partir en chasse, dans le quart d'heure qui s'écoule entre les ombres bleues et la nuit noire, après que le dernier Merle se soit tu, son Hou-ôh, grave comme un vieux chien qui aboie dans le lointain, retentit, puissant et discret à la fois, du ventre de la montagne.

Détenir le secret de « quand » écouter était un bien beau privilège, cependant demeurait toute entière la question de « où » pratiquer cette audition ?

Là, la recherche du « Géant de la nuit », malgré ses soixante-dix centimètres de haut et son mètre quatre-vingts d'envergure, devenait une véritable gageure car il est, peut-être avec le Moyen-Duc, de tous les nocturnes, le plus à même de coloniser tous les biotopes favorables depuis l'étage Collinéen de végétation, jusqu'aux portes de l'Alpin, à plus de 2 000 m d'altitude.

Je m'usais, de ce fait, en spéculations, en courses contre la nuit, en attentes vaines que le froid savait mettre à profit pour me ronger. Que ce soit aux pieds de falaises préalpines, dans des gorges sombres où le bruit d'un torrent « gâchait » le silence, ou au cœur des Grandes-Alpes, seul l'écho de l'imagination répondait à mes espoirs.

De course lasse, je communiquais, pour décupler les efforts de prospection, les fameux horaires à mes collègues du Parc de la Vanoise. L'initiative fut heureuse, en quelques semaines Henri Gonthier parvenait à contacter l'« Aigle-Hibou » en Maurienne, quant à Fernand Mousselard, il eut le même bonheur mais, cette fois-ci, en Tarentaise à hauteur de la Raie.

Dans l'intervalle, un Grand-Duc fut signalé à Hubert Tournier, à l'autre extrémité du département de la Savoie, près de Yenne ; je ne savais plus où « donner de l'oreille ».

Ces différents contacts confirmaient l'amplitude altitudinale importante occupée par ce Hibou, depuis les terrains de chasse le long du Rhône, tout juste au dessus de deux cents mètres, et le sommet des forêts de Mélèzes de Bessans ou de Sainte-Foy-Tarentaise.

L'idéal du biotope, comme l'exprime si justement Jacques Blondel, consiste en interfaces cultures-reliefs, en paysages variés, où la diversité des proies peut être élevée. L' espèce exige cependant, de façon systématique, la présence de rochers afin d'accomplir certaines de ses activités, telles que le chant ou le dépeçage des proies. Elle n'a pas, vis à vis des grandes parois verticales, les mêmes exigences que le Faucon pélerin, elle sait, si on lui en laisse le loisir, se contenter d'affleurements modestes.

L'aire est toujours établie dans une ambiance rupestre ; ainsi, l'un des premiers Grands-Ducs nicheurs découverts en Savoie, le fut en 1971, dans les profondes et sauvages gorges du Doron de Termignon. Cette aire, abritée par un surplomb, ce qui est la règle, était située à 2050 m d'altitude. Adossé au rocher, le nid est fréquemment dissimulé des regards importuns par un buisson.

Il existe, comme toujours, des exceptions à ces habitudes, Henri Gonthier se souvient d'être « tombé » — le mot n'est pas trop fort — vers Bessans, sur une aire juchée sur le sommet d'un arbre étêté ; inutile de préciser que cet ami se rendait à la Truite, dans un lieu inacessible pour le commun des pêcheurs du dimanche !

Etant finalement assez peu exigeant, notre Grand-Duc peut, en contre-partie, s'offrir le luxe de changer d'aire tous les printemps.

Après la ponte, qui se situe, en moyenne, sous notre latitude, fin février ou début mars, les Grands-Ducs cessent leurs duos vocaux. Deux ou trois, plus rarement quatre, œufs blancs presque sphériques — six cm x cinq cm — sont pondus à raison d'un œuf tous les trois jours, dans une petite dépression creusée par l'oiseau. Les poussins, de grosses balles duveteuses, naîtront un peu plus d'un mois après, vers le début avril. Si un malheur intervenait, détruisant cette première ponte, la femelle serait à même de la remplacer une dizaine de jours plus tard.

Quant au succès des nichées, il se traduit, dans notre région, par deux poussins, en moyenne, à l'envol, plutôt que trois comme cela a été constaté en Provence. La disponibilité moindre de la nourriture, une plus grande partie de l'année chez nous, n'est certainement pas étrangère à ce fait, lorsque l'on songe à l'aptitude qu'ont les nocturnes d'« ajuster » le nombre de jeunes aux ressources en proies.

En ce qui concerne ses captures, le Duc fait preuve d'un éclectisme étonnant ; il chasse tout ce qui lui tombe sous les serres, à condition que cela soit vivant, « depuis l'Escargot, jusqu'au Renard », comme se plait à le dire Jacques Blondel.

Il va de soi, cependant que, selon les territoires, les proies les plus « rentables » par leur accessibilité et leur masse, sont les plus prisées : Lapin, Lièvre, Hérisson, Surmulot sur les décharges, en ce qui concerne les mammifères ; Choucas, Perdrix, Hulotte... pour les oiseaux. Il est probable néanmoins que ces grosses proies sont surestimées du fait que leurs restes sont les plus spectaculaires et faciles à identifier.

Pour ne pas arranger son image de marque, notre Hibou a la fâcheuse coutume de décapiter ses « plus belles » victimes, témoin un Lièvre variable, trouvé, sans oreilles ni chef, par un de mes collègues du Parc, en Haute-Maurienne, avant que le rapace soit revenu pour livrer, à ses rejetons, ce morceau de roi.

Comme tout super-prédateur, le Grand-Duc est économe de son énergie et donc de sa nourriture ; la femelle sait, à l'occasion, dissimuler, à proximité de l'aire, les reliefs d'un repas inachevé pour les resservir à propos. Durant le nourrissage collectif des jeunes, les morceaux sont dispensés en taille proportionnée à celle des poussins, la femelle clôt alors ses grands yeux de lune ambrée, sans doute pour se garder des coups de bec intempestifs ou des éclats d'os.

Afin de convier les jeunes qui se dissipent à poursuivre leur repas, elle adopte une posture horizontale et se met à glousser curieusement comme une grosse poule de basse-cour.

Exterminé avec acharnement par le fusil et le piège à poteau, il y a une vingtaine d'années, le Hibou

Le biotope idéal du Grand-Duc consiste en interfaces cultures-reliefs, en paysages variés, où la diversité des proies peut être élevée.

Le Moyen-Duc est à même de coloniser, comme le Grand-Duc, bon nombre de biotopes depuis l'étage collinéen de végétation jusqu'aux portes de l'alpin.

Grand-Duc était parvenu, dans notre région, au bord de l'extinction. Depuis, la protection généralisée des rapaces nocturnes en France, à partir de 1964, grâce aussi à leur connotation qui, chez les enfants, bascule de « Nuisible » en « Esprit de la nuit » sympathique et indispensable aux équilibres naturels, on peut espérer une (re)colonisation de bon nombres de biotopes favorables tant en plaine qu'en montagne, à partir des individus rescapés dans les lieux inexpugnables.

Notre optimisme trouve cependant ses frontières du fait de la multiplication d'obstacles aériens tels que certaines lignes à haute-tension qui constituent de véritables pièges à électrocution, témoin l'oiseau brûlé au pied d'un pylône, découvert au Villaret du Nial, sous le barrage de la Sassière .
De simples câbles, apparemment inoffensifs peuvent être également mortels ; quelle ne fut pas la désagréable surprise de mon ami André Benoî t lorsqu'on lui apporta un second Grand-Duc, tué à Tignes, sous les câbles des remontées mécaniques de la Tovière !

Il m'aura, en définitive, fallu plusieurs années avant de pouvoir écouter, au plus fort des parades nuptiales, un concert de Grands-Ducs qui, de cavernes calcaires en pitons rocheux fit raisonner la voix profonde et grave de la nuit. Une ou deux autres années encore avant d'apercevoir au levé du jour, une immense silhouette aux ailes arrondies, survoler mollement et sans bruit la cime des Mélèzes. Nous nous rendions, avec Michel Delmas, au-dessus du Fenil, à proximité du hameau du Monal afin de recenser les Tétras-Lyre, sans doute ces coqs, paradant et roucoulant, à la pointe du jour, n'avaient pas échappé à l'attention du « géant de la nuit ». Par cette scène sauvage et inoubliable, mon attente était enfin récompensée...

PRARIOND VAL DE RHEMES

Sous le Col Fenêtre, à la recherche des Bouquetins, dans le Val de Rhêmes, nous sommes précipités dans une ambiance des plus hivernales.

Les visiteurs du jour évacuent, peu à peu, le val suspendu de Prariond par les gorges de Malpasset ; seuls quelques randonneurs s'attardent autour de l'imposant refuge, aux préparatifs de leur course du lendemain. Grande Aiguille Rousse et Grand Cocor triomphent, pour quelques instants encore, sur les rayons du soleil alors que, déjà, des ombres rampent, sous la brise descendante, en direction du Col de la Galise.

Libérés enfin du harcèlement des touristes, les "Boucs" vont pouvoir se désenclaver de la Roche des Loses et descendre pâturer les pelouses qui garnissent les Barmes.

Claude a patiemment attendu cette heure pour débuter l'opération. Son arsenal soigneusement disposé devant lui, il prélève d'un geste devenu familier les 1,5 ml de Rompun nécessaire, dans un petit flacon à l'aide d'une seringue. Avec une même dextérité, il les injecte dans le corps d'une fléchette, puis visse l'ardillon. Son projectile achevé, il le place dans le canon du fusil, glisse à l'arrière du pompon un petit morceau de coton afin de ne pas le brûler, adapte le réducteur et finalement introduit une cartouche, une verte, estimant pouvoir approcher les animaux entre dix et quinze mètres.

Ayant rassemblé le matériel, nous remontons le petit sentier qui grimpe juste derrière le refuge, suivis de Danièle et de Dominique qui, de son côté, a tout prévu pour assurer différents prélèvements.

Cette fois, contrairement à la tradition, recherche des animaux et approche sont de courte durée ; à peine avons-nous gagné quelques centaines de mètres qu'un premier mâle de cinq ou six ans se profile le long de la croupe herbeuse située sur notre droite.

Il s'avère même superflu de monter sur pied la longue-vue, car à cette distance, inférieure à quatre-vingts mètres, nous pouvons avec une bonne précision lire, aux jumelles, les modules des cornes et déduire l'âge de chacun des sujets mâles, maintenant à portée.

Un seul parmi les douze Bouquetins observés atteint deux ou trois ans, tous les autres ont un âge compris entre cinq et sept ans, c'est donc ce "jeune" qu'il serait le plus intéressant de capturer attendu, qu'en théorie, c'est lui qui possède la plus grande espérance de vie et qui est donc susceptible d'effectuer le plus grand nombre de migrations vers le Grand-Paradis.

Claude sait cependant par expérience que ce jeune est une "proie" plus délicate à approcher que ses aînés, aussi, dans un souci d'assurer une première capture, se rabat-il sur un individu de six ans.

Le temps de contourner, par le dessus, une petite barre rocheuse afin de ne pas gêner Claude dans son approche à découvert et je comprends au signe qu'il m'adresse qu'il a déjà opéré son tir. Il est impératif maintenant durant une vingtaine de minutes de ne pas effaroucher l'animal touché afin que l'anesthésique réalise pleinement son effet.

Danièle et Dominique prennent leur quart de surveillance "au chevet"' de l'animal dont les cornes commencent étrangement à peser et les genoux à fléchir. Claude pour sa part n'a pas, du fait de sa réussite, oublié son jeune objectif. Il se met aussitôt en quête de le "resituer" parmi les bêtes que le claquement assourdi du tir et l'assoupissement de leur "compatriote" ont à peine écartées.

Maintenant, il est parvenu à contourner complètement la petite harde qui se trouve ainsi placée entre nous. Je m'assois avec précaution pour ne pas effaroucher, outre mesure, ces animaux qui n'apprécient guère d'être pris en tenaille.

Le groupe est de nouveau compact au pied des rochers, les Bouquetins se mettent assez vite en confiance, la plupart recommencent à brouter. Deux d'entre eux, dans un flou de poussière, s'administrent même par simple goût du jeu, de magistraux coups de cornes dont les sons creux viennent quelque peu importuner le calme revenu sur la montagne.

Nous mettons cet instant à profit pour "grignoter" quelques mètres encore ; aussitôt les muffles qui tondent la pelouse se redressent et, sans précipitation véritable, la troupe gagne un peu d'altitude.

Là, situé dans un abrupt rocheux où il se sent davantage en confiance, Claude peut enfin, à distance convenable, épauler le jeune qui, sous la morsure de la fléchette à la cuisse, effectue un saut de côté.

Produit mal injecté, vitalité plus forte du jeune âge, état d'anxiété dû à notre approche, la harde au complet continue de caracoler, finit par dépasser la carcasse du pluviomètre et se dissoudre dans les ténèbres sans que soit possible d'effectuer une troisième tentative.

Avec regret, nous rentrons, guidés par la lueur du refuge. Nous retrouvons Dominique qui conditionne ses tubes de prélèvement ; il nous informe que le Bouquetin capturé a été marqué d'une boucle auriculaire rouge à l'oreille gauche et surtout qu'il a bien récupéré de son anesthésie. André Benoit nous a rejoints, demain nous reprendrons les marquages dès la pointe du jour.

A cinq heures, nous renouons avec les animaux, beaucoup plus haut que nous les avions laissés ; ils ont voyagé durant la nuit.

André nous signale par radio qu'il vient d'observer un Bouquetin qui représente des signes manifestes de kératoconjonctivite, les deux yeux sont atteints.

Nous réussissons, non sans mal, à capturer l'animal, l'idée "généreuse", d'écourter ses misères nous répugne. Nous sommes dans un Parc National et non dans une réserve de "production de gibier" ; d'ailleurs que sait-on véritablement aujourd'hui de l'évolution de cette maladie ? Partout où elle a sévi, des tirs "aveugles" tant sur les Chamois que sur les Bouquetins, ont été pratiqués sous prétexte d'enrayer le mal ! ! ! Les études conduites par Dominique viennent de démontrer la vanité de telles mesures.

J'avoue au fond de moi, être cependant sceptique quant aux chances de survie de ce malheureux Bouquetin âgé de six ans. Nous le marquons, tout de même, d'un médaillon violet à l'oreille gauche.

Son cas heureusement sera isolé, soubresaut d'une vague ayant déferlé l'année précédente. Quatre autres Bouquetins mâles seront marqués individuellement ce même jour grâce au jeu de couleurs des médaillons et au côté des oreilles.

Forte de ce succès, l'équipe renforcée de Jacques comme second tireur, se rend dans la Réserve Naturelle de la Grande Sassière, avec l'objectif plus subtil cette fois, de capturer des femelles.

Cependant, toutes nos approches, sous le Col de Rhêmes Golette, dans les vires de la Pointe de la Traversière et celles, innombrables, qui constituent la face Sud de la Grande Sassière ne permettront jamais à Jacques, malgré ses talents de grimpeur et le guidage radio assuré par Claude depuis le Santel, de tirer à une distance raisonnable, sur un terrain où le dérochement des animaux ne serait pas à redouter...

L'été s'achève, l'automne particulièrement clément roussit la montagne sous un ciel de roi, exacerbant la senteur des graminées. Le suivi méticuleux des animaux marqués permet de tracer leurs cheminements entre le Val Prariond et la Réserve de la Grande Sassière par Bazel et la Bailletta, de saisir les rythmes d'activité journaliers des animaux, de mesurer aussi la fréquence des dérangements...

Notre foi en la Nature se trouve récompensée. Le Bouquetin violet est repéré à plusieurs reprises ; un mois plus tard, le onze août, il est parfaitement guéri, la cornée redevenue transparente. La kératoconjonctivite est donc réversible même à un stade jugé, jusqu'ici, irrémédiable !

Ceci va renforcer notre argumentation contre l'euthanasie, contre les "fébriles de la gachette" comme ceux qui n'ont pas hésité à abattre des Bouquetins dans le Perron des Encombres de la façon la plus illicite qui soit et sans d'ailleurs que personne ne lève le petit doigt ! ! !

L'hiver ne se précipite pas, laissant aux Bouquetins des aires de parade particulièrement élevées. C'est seulement quelques jours avant Noël que Bernard nous avise qu'ils ont "enfin" disparu ! Il n'en reste que sept dans la Sassière, aucun n'est marqué.

Cependant la météo n'est guère optimiste pour les jours à venir, et le vent qui a soufflé avec violence n'a pas amélioré les conditions de sécurité, rendant aléatoire la traversée en Italie par le Glacier de Rhêmes Golette et la descente sur le refuge Benevolo. Nous nous résignons donc à nous rendre dans le Val de Rhêmes par le tunnel du Mont-Blanc.

Grâce à la famille de Danièle, nous pouvons établir notre quartier général dans un chalet traditionnel au cœur même du village du Bruil.

La chance semble de ce côté de la frontière : depuis la place du village, par dessus le toit de l'église, nous scrutons, à la longue vue, les pentes exposées plein Sud qui dominent le départ du sentier tortueux du Col Fenêtre.

Notre optimisme nous grise ; pour Bernard et pour moi, ce Bouc de trois ans est le "blanc droit", pour Dominique il s'agit même du "double jaune" ou Bouquetin Cataphote ainsi nommé, car il avait été question de le suivre la nuit au-dessus de Prariond.

Cependant il convient d'être réaliste, la distance est conséquente et l'objectif de quarante peu performant avec la luminosité présente.

Nous bâtissons notre plan ; Danièle et Dominique tenteront de grimper jusqu'à l'alpage de Torrent afin de confirmer ce sujet marqué. Bernard, Michel et moi prospecterons la rive gauche du Val de Rhêmes, l'amont de la Réserve de Chasse du Comte Rossi, de façon à localiser les principales hardes. Procédant ainsi, nous abandonnons le petit lac de Pellaud enfoui sous la neige. C'est aujourd'hui précisément le solstice d'hiver, le soleil cligne déjà derrière la Grande Parei, la Doire ajustée entre ses berges de cristal roule des eaux aux éclats de mercure.

Chaque thalweg transversal, qui vient grossir le Doron de Rhêmes, comporte sur son flanc Sud, très haut au-dessus des Chamois, des hardes de Bouquetins, que nous essayons d'identifier.

La nuit d'hiver nous cueille au-dessus du hameau de Thumel tout affairés que nous sommes à contrôler les bêtes de la Combe de Fos.

A l'auberge de Chanavey où nous sommes entrés, pour nous réconforter avec des spécialités du Val d'Aoste, nous dressons le bilan : il est maigre. Danièle et Dominique, bien qu'ayant réussi à sa frayer une trace jusqu'à la cabane de Torrent, n'ont pu mettre "la lunette" sur le suspect ; ils n'ont fait que constater la distance de fuite étonnante de ces Bouquetins !

De notre côté, sur les quelque soixante-dix paires d'oreilles observées, aucune ne s'est révélée marquée.

Bien vite, malgré tout notre moral reprend de "l'altitude" grâce au Barbera et surtout à l 'amitié du garde de la Réserve : Louis Oreiller paré de sa somptueuse barbe des mois d'hiver. Chaleureux tout en restant précis, il nous informe qu'il a aperçu, il y a trois semaines exactement, un sujet marqué sous le glacier de Pellaud ; il n'a pu, cependant, distinguer de façon absolue la couleur de sa marque. Il nous confirme, par ailleurs, la fin tragique du Bouquetin "jaune-droit" trouvé fin mai, par les gardes forestiers, sous une avalanche en face de Benevolo à l'alpage de Soches, il avait alors treize ans.

Forts des ces preuves, nous reprenons nos recherches dès l'aube en inversant les équipes. Je me rends donc avec Bernard sous le Col Fenêtre où, après une montée en bras de chemise, nous sommes précipités dans une ambiance des plus hivernales ; le vent cascade des parois allant jusqu'à déclencher une coulée de neige sous la cime du Bouc.

Parmi les rares Bouquetins que nous observons sous le Bec de Tey, l'un présente des oreilles au-dessus particulièrement clair, ne serait-ce pas lui qui nous a abusés hier ?

L'autre équipe passe en revue toutes les hardes jusqu'à Barmaverain, soit au total quelque cent quatre-vingts Bouquetins, en vain...

Sur le bord de la route du retour, à Carré, nous saluons un dernier garde en faction : *"Vous cherchez les Bouquetins « Français » ? ils ne sont pas en bas"*. Nous devinons sa crainte de compliquer sa tâche de surveillance. La remarque pourtant éveille mon attention : "Bouquetins Français". Il est vrai que nous les comptabilisons l'été de l'autre côté, mais ne sont-ils pas en fait les témoins d'un passé sans frontière ?

Montagnes de Savoie, Montagnes du Val d'Aoste, même Nature authentique, même nécessité de sauvegarder un patrimoine inestimable pour nos enfants.

Un Bouquetin "vert" a été aperçu au-dessus du lac Serrù ; demain, dès que possible, nous passerons le Col de la Galise pour le Val Savaranche... la fête sauvage se poursuivra pour mieux connaître et protéger cet animal, symbole de nos Parcs Nationaux mais aussi toutes les bêtes timides comme le Lièvre variable et le Lagopède...

Le Lièvre variable

Timide est son nom latin d'espèce ! Si l'on en juge par le nombre d'observations qu'il est permis de réaliser ordinairement sur ce Lièvre, on peut penser qu'il possède réellement ce trait de caractère ; cependant, lorsque l'on réussit à le localiser au gîte, on se rend compte que, confiant dans sa tenue de camouflage, il serait plutôt téméraire. Mais n'est-ce pas faire là trop d'"anthropocentrisme" ?

En pratique, sa discrétion résulte de son extraordinaire homochromie à laquelle il convient d'ajouter un rythme d'activité essentiellement nocturne ou, à tout le moins, crépusculaire.

La plupart des observations que j'ai pu réaliser sur cette espèce ont été fortuites, du fait de "décantonnement", l'été en déambulant entre les blocs d'une casse, au retour d'une course de glacier comme aux Evettes, soit encore en ski de printemps, en slalomant entre les maigres touffes d'herbes sèches émergées d'une croupe ventée ; ce fut le cas au-dessus du refuge de Prariond.

Chaque fois, ce fut la même curiosité et le même plaisir de voir bondir ce diable albinos monté sur ressorts. Il faut dire que, plus encore que son "compère" le Lièvre brun, ses membres postérieures sont développés et le prédisposent à se déplacer par sauts puissants.

Hormis ce mode de locomotion et sa taille exagérée par une fourrure confortable, sa silhouette générale évoque davantage le Garenne du fait des oreilles relativement courtes, toutes choses égales d'ailleurs, puisqu'elles atteignent une dizaine de centimètres contre quatorze chez le "Capucin", et également du fait de sa frimousse "rondouillette".

Le Blanchon ou plus simplement encore nommé Blanc en Savoie, est un Lièvre variable de même origine que celui de Scandinavie ; il se trouve maintenant isolé dans les Alpes à la suite du retrait de la dernière grande glaciation quaternaire.

Il est davantage représenté dans l'Est des départements Alpins Français, depuis la Haute-Savoie jusqu'aux Alpes-Maritimes soit dans les Alpes internes, que dans les massifs Préalpins comme les Bauges, la Chartreuse ou le Vercors dans lesquels il est relativement rare, du moins si l'on en juge par les prélèvements cynégétiques.

Absent des Vosges et du Jura, sa présence dans les Pyrénées résulte de réintroductions effectuées dans les années 1980 à partir de sujets d'élevages.

Ce qui est le plus visible chez lui, ce sont ses traces qui, à la suite d'une chute de neige fraîche, trahissent de façon tortueuse ses coutumes.

Avec un peu d'obstination, il est possible de débrouiller cet écheveau tissé à quatre empreintes : deux rondes, l'une derrière l'autre, correspondant aux pattes antérieures et deux longues dessinées en avant, à même hauteur, correspondant aux larges pieds ; ceci entre le secteur d'alimentation et le gîte, généralement beaucoup plus haut en altitude.

Hormis dans le cas d'un plateau où son domaine vital a tendance à s'arrondir, dans celui, plus général, d'un versant, le Lièvre variable exploite une lanière de terrain pouvant, au gré des saisons, atteindre une amplitude altitudinale de quelque mille mètres entre des biotopes tels que des landes de Genévrier nain ou des bosquets de Pin à crochets utilisés pour se nourrir et des milieux d'éboulis, de clapiers, voire de petites barres rocheuses situés jusque sous les glaciers, pour se gîter.

Ordinairement se produit un glissement du territoire vers le bas à la mauvaise saison ; c'est ainsi qu'à Valloire, il m'est arrivé de deviner, en pleine journée de février, des Blanchons camouflés dans le Mélézin qui s'étend au pied de la Sétaz des Prés, vers 1 500 m d'altitude.

Pour beaucoup de Lièvres variables, l'obstination à retourner à la "case départ" a été fatale. C'est ainsi que mon collègue Pascal Langer m'expliquait, qu'étant chasseur, avant d'être garde moniteur au Parc National de la Vanoise, il opérait avec un chien courant toujours de la même façon : levé au petit jour dans le Bois du Sécheron au-dessus de Pralognan, son Blanc piquait vers le Doron, puis après avoir suivi quelque temps la rivière, grimpait "droit en haut" d'un couloir de façon à contourner le Bois jusqu'au sentier qu'il empruntait ensuite pour gagner le virage, où il était "tranquillement" attendu ! ! !

C'est en octobre que se produit la mue d'automne ; ce sont tout d'abord les membres qui blanchissent puis, peu à peu, le dos et enfin la tête.

La plupart des individus, bien que les jeunes aient tendance à muer plus tardivement que les adultes, sont entièrement Blanc courant novembre, quelles qu'aient été les précipitations neigeuses, ce qui conduit, certaines années d'arrière saison sèche, au paradoxe du Blanc sur "toile" fauve.

Le déterminisme de la mue semble davantage dépendant de la photopériode, c'est-à-dire de la longueur du jour et de la température que de la neige. De fin avril à fin mai, la mue de printemps s'exerce, pouvant parfois produire, cette fois-ci, en négatif, le contretemps évoqué à l'automne.

Bien dissimulé aux regards des prédateurs parmi lesquels il faut citer l'Aigle royal et le Renard, le Lièvre variable, l'hiver, à peine plus ivoire que la neige, ne conserve de visible que le minimum indispensable à la reconnaissance intraspécifique, soit l'extrémité de ses oreilles machurée de charbon.

Signalons que si, au gîte, il a de bonnes raisons de se sentir en sécurité, dès qu'il est contraint de prendre la fuite, il devient une proie beaucoup plus vulnérable ; c'est ainsi que plusieurs amis m'ont rapporté des exemples de Lièvres variables emportés dans les aires, par l'Aigle royal, après avoir été levés par des skieurs hors pistes.

D'autres "prédateurs" dont la survie hivernale ne paraît pas strictement dépendante du Lièvre variable, ont su détecter, au cours du cycle annuel de ce Lagomorphe, des circonstances où il devient particulièrement exposé : il s'agit des nuits de lune, glaciales et bleues, de février. C'est dès cette époque, en effet, que pris de fièvre amoureuse, nos Blanchons se livrent à des ballets-poursuites effrénés, perdant tout sens du danger. Ils cabriolent et "gaudriolent" ainsi, par monts et par vaux, par chemins et par routes, jusqu'aux portes des villages ou des stations de ski... Quoi de plus tentant alors pour certains, de les cadrer dans le pinceau des phares longue portée et

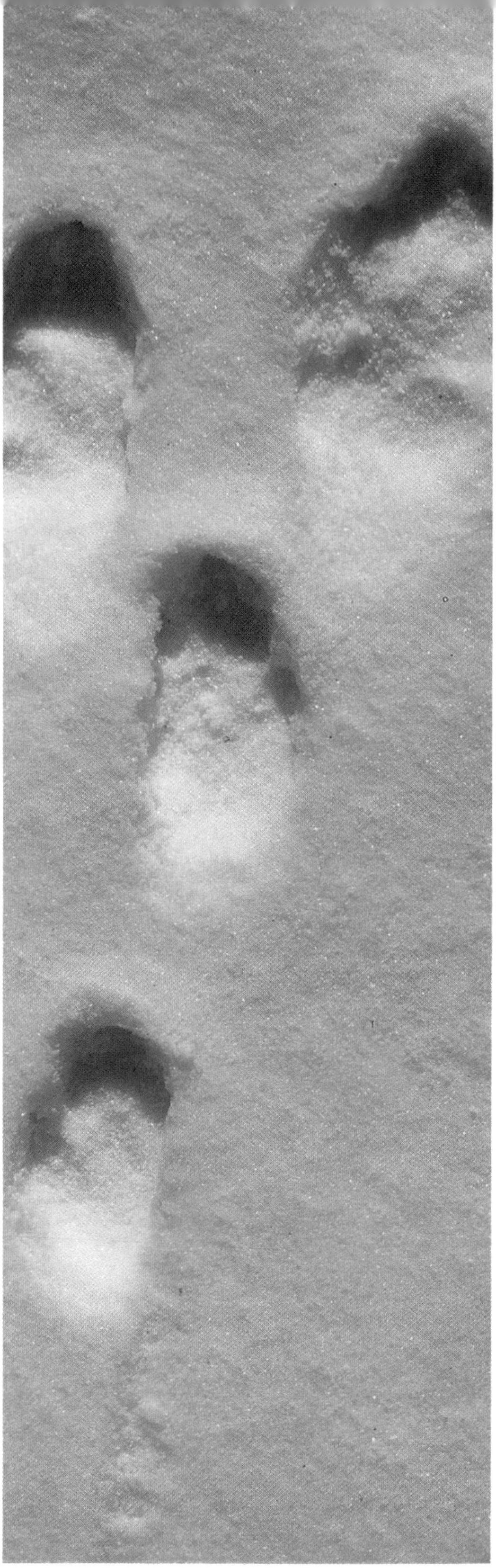

Les empreintes du Lièvre variable : deux rondes pour les pattes antérieures et deux longues, dessinées en avant, correspondant aux larges pieds.

Le Lièvre variable l'hiver, à peine plus ivoire que la neige !

d'une détente de gachette, de les figer en un beau doublé !

Que ce soit l'Aigle "chanceux" ou le braconnier de Mardi-gras, on peut se demander quel prélèvement supplémentaire est ainsi artificiellement effectué sur les populations de cette "relicte" glaciaire dont il faut reconnaître avec humilité, au travers de la bibliographie étrangère, que l'on se situe, concernant la connaissance de la biologie de sa reproduction et de la dynamique de ses populations, peu après l'âge des cavernes !

Pour les mêmes raisons d'ignorances, on est en droit de se poser également la question de l'incidence de la chasse légale sur ce Lièvre dont on méconnaît les effectifs et leur fluctuation, le taux de reproduction, la mortalité hivernale... Tout au plus sait-on, qu'en octobre durant la période de chasse, demeurent des femelles en gestation et allaitantes... mais peut-être ne s'en vante-t-on pas !

A l'aube, ce matin, une lueur timide et vacillante a quitté la cabane du Gourou pour se diluer dans un vallon du Parc National des Ecrins ; Michel Bouche avec, pour uniques moyens, ses skis et sa fiche d'observation, reprend une fois encore son itinéraire échantillon en quête de traces et de fécès de Blanchon !...

Souhaitons qu'au bout de son chemin, ingrat et tortueux comme celui de son Lièvre, il puisse nous apporter un peu de lumière sur les mœurs et la "santé" de ce magicien des neiges !

Le Lagopède

Ici s'ouvre le royaume dur du minéral et pur de la neige, pas un bruit, pas un souffle ce matin en traversant les blocs de quartzites dont les ombres bleues s'étirent sous le col de la Bailletta. La vie paraît être le privilège de quelques araignées dont les toiles aux fils tenaces ont été tendues entre les rocs...

Attentif à sélectionner des appuis stables, dans cet univers froid et chaotique, je suis quelque peu surpris lorsqu'un ronflement guttural « surgit » à mes côtés, immédiatement poursuivi par les claquements de deux paires d'ailes blanches.

Une trajectoire plongeante et les deux oiseaux ont déjà disparu, en direction du Lac du Santel, à l'issue d'une courbe planée.

C'est le plus fréquemment ainsi, sans préméditation, que l'on observera, à la belle saison, la « Perdrix des neiges » ou plus exactement le Lagopède qui, comme le Tétras-lyre, appartient à la famille des Tétraonidés.

Cependant, contrairement à ce dernier, qui réside à la limite supérieure de nos forêts, le Lagopède est un hôte quasi exclusif des pelouses et éboulis des étages alpin et nival, jusque vers 3 000 m.

Cette exigence altitudinale ou, si l'on préfère, climatique, « héritée » des origines arctiques de l'oiseau, le condamne à nicher, sous notre latitude, dans les massifs pourvus de sommets dépassant la cote des 2 000 m.

C'est ainsi, qu'en Savoie, l'observation d'un individu dans l'Ouest du département, sur les Monts du Chat, vers 500 m d'altitude, relève de l'« erratisme »,voire de l'égarement.

C'est seulement en « écrémant » les premiers contreforts : Trélod, Arcalod, Pécloz, qui émergent, dans le Massif des Bauges, au dessus de la limite fatidique précitée, que l'on peut commencer à relever de façon systématique des témoignages de présence du Lagopède : plumes blanches de duvet, traces sur la neige et crottes caractéristiques.

Lorsque l'on arpente ensuite les Grandes Alpes, dès les Combes de Belledonne, comme celle de Gleyzin, et les sommets du Beaufortin, on constate que la répartition du Lagopède devient moins « insulaire ».

La femelle du Lagopède, camouflée sur son nid, dans sa "robe" de Faisane.

Plus à l'Est encore, dans les Grandes Rousses et le Massif de la Vanoise qui offre, en couronne autour de ses glaciers, de vastes domaines propices de haute altitude, la présence du Lagopède, espèce strictement sédentaire, devient constante au même titre que dans le Grand-Paradis.

Il est certes « honorable » de vouloir vivre au-dessus des autres, encore faut-il en posséder les moyens, — morphologiquement, physiologiquement et éthologiquement parlant —. Or, notre Lagopède, en dépit de sa taille relativement réduite puisqu'il est, avec la Gélinotte, le plus petit de nos Tétraonidés (35 à 36 cm de longueur pour un poids moyen de 400 g), se trouve effectivement « choyé » par la Nature depuis ses pattes emplumées qui lui ont valu son patronyme latin de « Pied de lièvre », jusqu'à sa faculté de changer de plumage au gré des quatres saisons, ou encore de pouvoir creuser des igloos dans la neige pour se préserver des températures polaires qui règnent en janvier-février sur les hauteurs.

Grâce à son plumage changeant et à ses pattes emplumées le Lagopède est ingénieusement adapté aux conditions hivernales.

Pour essayer de comprendre comment, dans un milieu aussi hostile a priori, le Lagopède parvient à subvenir à ses besoins énergétiques, mon amie Ariane Bernard-Laurent a mis à « profit » les jabots des Lagopèdes tirés en période de chasse, dans les Vallons de la Cerveyrette et du Bletonnet, près de Briançon. Reconnaissons que c'était une bonne façon de « rentabiliser » des prélèvements cynégétiques ; ceci a en outre, autorisé l'auteur à des comparaisons avec le régime alimentaire des Tétras-lyre, inféodés, dans les parties basses des mêmes vallons.

Comme toutes analyses de régime, celles-ci nous renseignent sur l'identité des espèces ingérées mais également, par le jeu de leurs exigences écologiques, sur leur localisation au sein du domaine vital, en un mot sur la niche alimentaire.

De la sorte, à l'issue d'une trentaine d'analyses, il s'est avéré que l'espèce « préférée », en Septembre-Octobre, par le Lagopède, consiste en un Saule nain, dont les rameaux et les feuilles sont présents dans 80 % des jabots, soit la moitié environ de la masse des contenus. Ce Saule, dit à feuilles rétuses, croît dans les pelouses et éboulis calcaires où la neige séjourne longuement. « Derrière » ce plat de résistance ligneux, ont été identifiés, en abondance, des rosettes et fruits de Saxifrage à feuilles opposées, ainsi que des feuilles de Dryade à huit pétales. Notre oiseau est donc un végétarien presque exclusif, les fanatiques de diététique diront un végétalien, puisque dans un cas seulement de repas, une Fourmi était inscrite au menu. Au cœur de l'hiver, les recherches conduites en Suisse, cette fois, dans la région d'Aletsch, à partir des fécès, ont révélé que les Ericacées telles que l'Airelle myrtille, l'Airelle rouge ou l'Azalée naine, sans doute plus facilement accessibles au pied des rochers, constituaient la nourriture principale.

En définitive, du fait de son biotope particulièrement austère, dans lequel la diversité des espèces est faible, le régime alimentaire du Lagopède apparaît plus spécialisé que celui du Tétras-lyre, ce qui le contraint à consommer les plantes entières alors que le Tétras-lyre, vivant dans un milieu plus « généreux », peut s'offrir le luxe de sélectionner certains organes végétaux, tels que fruits et têtes florales.

Parallélement à cette offre de nourriture et au bilan énergétique, se pose le problème de la stratégie de la reproduction de l'espèce, face aux rigueurs climatiques toujours, et à « l'exiguïté » de la belle saison à de telles altitudes.

La réponse de la poule de Lagopède qui, l'été, est parée d'une « robe » de Faisane veinée de gris, de fauve et de brun, est une ponte volumineuse, eu égard à sa taille, de sept à huit œufs crème, mouchetés de noirâtre, déposés dès la 2e quinzaine de juin, dans une légère dépression, à même le sol. Ces œufs sont couvés durant trois semaines par l'oiseau qui est extraordinairement dissimulé du fait de son homochromie, le plus souvent contre un bloc rocheux. Ce camouflage est si parfait, qu'à deux reprises, à proximité du refuge de Félix Faure, vers le lac Rond et au pied de l'aiguille de la Vanoise, j'ai eu toutes les peines du monde, malgré la complicité de Josette, la petite fille des gardiens du refuge qui les avaient découvertes, à retrouver les couveuses. L'oiseau est, en effet, si confiant dans son « déguisement » qu'il ne s'expatrie que si l'on manque de lui marcher dessus, à moins d'un mètre.

Les poussins, typiquement nidifuges, c'est à dire capables de gambader dès leur éclosion, sont aptes à voler une quinzaine de jours plus tard, soit vers la fin du mois de juillet.

En plus du nombre élevé d'œufs et donc théoriquement de poussins à l'éclosion, de la période courte d'incubation et d'élevage des jeunes, le Lagopède a en outre la faculté, en cas d'incident, du fait de prédateurs comme l'Hermine ou le Renard, ou plus simplement d'intempéries : orages violents, chutes de neiges tardives, d'effectuer une ponte de remplacement de quatre à cinq œufs. Cela permet d'expliquer d'heureuses rencontres de poussins, petites boules jaunes et brunes de duvet, comme celle effectuée après le 15 Août, au sommet du Col de Chavière.

Durant toute la période de l'année consacrée à la reproduction, depuis les parades, fin avril, début mai (plus discrètes il est vrai que celles du Tétras Lyre) jusqu'à l'émancipation des jeunes, les Lagopèdes vivent en couples territoriaux sur des étendues d'une dizaine d'hectares.

A l'automne, par contre, et jusqu'en début d'hiver, le comportement du Lagopède devient davantage grégaire ; des rassemblements d'une trentaine d'individus et plus peuvent être observés localement. C'est un des grands spectacles de la haute montagne « déserte », en arrière saison, que de voir jaillir de la stérilité des éboulis, une gerbe immaculée de Lagopèdes accompagnée de leurs grognements réprobateurs.

Après ces curieux « meetings », dont la signification reste à découvrir, il conviendra de se scinder à nouveau, en petites compagnies de trois à quatre individus, de façon à mieux affronter les rigueurs d'un hiver d'au moins six mois et à rechercher, sans dépenses excessives d'énergie, une nourriture riche en protéines végétales.

On ne s'est guère encore soucié, dans notre pays du moins, de définir quelle pouvait être la mortalité hivernale chez le Lagopède ; cependant, beaucoup de montagnards s'accordent à considérer que les effectifs de l'espèce ont largement fluctué, sinon diminué ces dernières décennies. Hormis les considérations d'ordre climatologiques, l'impact cynégétique ne semble pas, a priori, devoir être retenu comme cause explicative. L'aménagement de la montagne, du fait des ouvertures de pistes et de routes nouvelles qui augmentent la fréquentation des sites de nidifications jusqu'ici d'accès difficile, n'est peut-être, par contre, pas totalement étrangère à ce phénomène.

Le Bouquetin des Alpes

A tout Seigneur, tout honneur... "encorné" à l'idée que cet adage devait s'appliquer, immanquablement, à la connaissance de celui qui incarne le Souverain des cimes, j'ai délaissé, durant plusieurs années, par esprit de contradiction, les recherches concernant le Bouquetin des Alpes.

Il faut dire que cet a priori trouvait une partie de son fondement dans les quelque mille cinq cent soixante quatre pages publiées en 1962 par le "cynégétiquement" célèbre docteur Marcel Couturier. Au reste, le Parc National de la Vanoise n'avait-il pas été créé pour sauvegarder le Bouquetin, miroir, en cela, de son frère aîné, le Parc National du Grand-Paradis ? Tout sur cette espèce devait donc être internationalement connu..!

A force, néanmoins, d'entendre réciter sur le Bouquetin les mêmes strophes dont : les louanges adressées à la mémoire de Victor Emmanuel II, le couplet sur les sabots ingénieusement adaptés aux rochers "comme des semelles Vibram" ou l'épilogue concernant la croix du cœur, recherchée en guise de talisman, contribuant ainsi à son éradication... je fus obligé de réviser mon jugement : il restait en particulier dans les domaines de l'écologie et du comportement, bien des connaissances à acquérir pour protéger mieux celui qui est frappé à notre effigie : le Bouquetin des Alpes.

Parmi mes collègues de Vanoise, plus anciens et moins frondeurs, certains avaient heureusement pris soin de consigner, en bons historiens, les épisodes de la reconquête des sommets de Savoie par une poignée d'Ibex "irréductibles".

C'est de cette "épopée", toute proche, dont j'aimerais vous entretenir maintenant...

Tout a commencé il y a vingt ans... le premier Parc National Français soufflait sa première bougie ; en cadeau il héritait, sans que l'on sache de façon absolue, si elles étaient "made in Grand-Paradis" ou rescapées localement, de deux souches de Bouquetins, sur le versant de la Maurienne exposé au Sud. Cadeau Royal puisqu'il s'agissait des deux seules colonies françaises, à l'époque.

Le premier "embryon" de population, localisé au-dessus de Modane comprenait, en 1965, quelque trente-cinq sujets qui gravitaient l'été dans la majestueuse arène rocheuse délimitée par la Pointe Renod, le Col de Chavière, la Pointe de l'Echelle et le Rateau d'Aussois. L'automne, et, plus encore, l'hiver, cette harde se regroupait sur le Pilier Sud de l'Aiguille Doran et sur l'Estive.

Le second noyau, situé au-dessus de Termignon comprenait à peine trente individus ; l'été, il était scindé en deux îlots, l'un accroché à l'imposante face Sud de la Grande-Casse, l'autre sur le Pelvoz. L'hiver voyait se réunir ces animaux vers l'Arpont, entre les ruisseaux des Gorges et celui de Miribel.

Ajoutons qu'en dehors de ces deux hardes pionnières, mon ami André Benoit avait, au cours de ses explorations, relevé quelques "sentinelles cornues" qui arpentaient fortuitement la crête frontière italienne vers le col et la Pointe de la Galise.

En effectuant un saut dans le temps, soit douze années plus tard, on ne pouvait pas, à proprement parler, inscrire au profit de la Vanoise de nouvelles colonies, hormis, bien entendu, celle lâchée en 1969 dans la vallée de Peisey à partir de sujets provenant de Suisse. En effet, bien que, durant ce laps de temps, les effectifs initiaux se soient multipliés par huit, l'aire de répartition de l'espèce, quant à elle, ne s'était pas étendue dans de semblables proportions ! Il convient toutefois de préciser que les Bouquetins observés en 1965 à proximité du Grand-Paradis avaient fini par "investir" le Val Prariond et également la Réserve de la Grande Sassière, mais ce n'était encore, à cette époque, que des incursions estivales effectuées notamment par des sujets mâles.

Aujourd'hui, comme en 1976, on ne remarque pas véritablement d'implantations spontanées de nouvelles hardes à l'intérieur du Parc de la Vanoise. Ce constat doit être tempéré, cependant, du fait des observations plus régulières et plus abondantes de Bouquetins venus "visiter" la Tarentaise au-delà des Cols de Chavière et de la Vanoise, et aussi par l'implantation maintenant pérenne de sujets dans le Val Prariond et plus encore dans la Grande Sassière. Dans ce dernier secteur, une dizaine d'individus ont séjourné pour la première fois durant l'hiver 1978-1979.

Bien qu'il s'agisse d'animaux prestigieux, l'histoire de la descendance de ces "Seigneurs" peut être, sur

A la recherche, sous le col de la Galise, des Bouquetins marqués.

le plan numérique, qualifiée de classique. En effet, à partir des dénombrements réalisés chaque année, il a été possible de retracer l'évolution quantitative des Bouquetins de Vanoise ; celle-ci peut être schématisée par une courbe en S présentant trois périodes :

— De (avant) 1965-1970 ; phase durant laquelle la croissance des effectifs a été relativement lente de soixante animaux (et moins) à quelque deux cents.

— De 1971 à 1976, "belle époque" où le nombre de sujets a évolué de deux cents à six cents.

— A partir de 1977, la courbe de croissance paraît devenir asymptotique, le nombre d'individus évoluant entre cinq cents et six cents.

Cet exemple, si pédagogique, de l'évolution d'une population animale, s'applique bien aux Bouquetins de la zone protégée. Cependant la théorie se trouve ternie par le fait que l'on a découvert des animaux, aujourd'hui une centaine, qui, bravant les limites administratives du Parc, sont allé chercher de nouveaux quartiers résidentiels dans le massif du Perron des Encombres !

Cet essaimage spontané a, en outre, l'intérêt fondamental de démontrer que le Bouquetin, contrairement à un mythe bien "encré", n'est pas un hôte exclusif des altitudes extrêmes mais peut, à la faveur de faciès rocheux escarpés, descendre au moins jusqu'à 800 m d'altitude soit, au niveau des vignes, à proximité du village de Saint-Martin-la-Porte.

Quoiqu'il en soit, pour chaque colonie, spontanée ou réintroduite, on assiste à des migrations au sens vrai, c'est-à-dire à des déplacements, plus ou moins importants, avec retours à des périodes déterminées.

Dès 1965, un tel comportement avait été noté, au sein de la Vanoise, par les gardes M. Mollard et J. Ratel, qui, début mai, parvenaient à tracer avec précision, l'itinéraire étonnant, emprunté par trois mâles entre le secteur de Modane et celui de Termignon. "Les Bouquetins montent à l'arête Sud du Rateau, traversent les faces Sud et Est jusqu'au Col de la Masse. De là, ils vont à la Pointe de l'Echelle à 3 100 m, descendent jusqu'à la Sétéria, remontent à la Fournache puis jusqu'au pied du Col de la Dent Parrachée, franchissent le Col de la Faculta et traversent vers 2 900 m sous la Dent Parrachée."

Le même itinéraire, en sens inverse, est emprunté en novembre. La migration s'effectue année après année, aux mêmes époques, sur plus de douze kilomètres de distance à vol d'oiseau : Ceci a pu être confirmé aujourd'hui grâce aux animaux marqués.

Une autre source de connaissance des "us et coutumes" des Bouquetins provient des tentatives de réintroduction et de leur suivie réalisées en Vanoise, afin de conforter la population.

L'exemple le plus ancien est celui, déjà évoqué, de la vallée de Peisey-Nancroix où, le 20 mai 1969, deux femelles et trois mâles provenant du Mont Pleureur en Suisse ont été lâchés au pied du Pourri. En juillet 1983, soit quatorze années après ce lâcher, la colonie comptait quarante-huit individus. L'allure de la "courbe" des effectifs de cette population, qui peut être assimilée à une droite de faible pente incite à penser que la croissance de cette colonie est relativement lente. Pour interpréter ce développement difficile, on peut, entre autres explications, invoquer : le nombre faible d'animaux lâchés à l'origine, en particulier de femelles ; la pression exercée, certains hivers comme celui de 1979-1980, par les avalanches ; la compétition alimentaire avec d'autres Ongulés ; plus de trois-cents chamois peuvent, en effet, être dénombrés sur le même secteur, auquel il faut ajouter des moutons. Ce dernier facteur limitant pourrait donc être la disponibilité de la végétation en hiver ?

L'essai de réintroduction dans la vallée de Pralognan date de 1981. Malgré le nombre, semble-t-il plus décent, par rapport à l'exemple précédent, d'animaux lâchés (une dizaine) ; cette tentative s'est soldée par un échec, en ce sens que les individus se sont dispersés, peut-être, du fait de la topographie environnante complexe du lieu du lâcher.

Par ailleurs, parmi les dix Bouquetins, six d'entre-eux ont pratiqué ce que les anglo-saxons nomment le "homing" ce qui, en clair, se traduit par le fait qu'ils sont rentrés "chez eux" en Maurienne par le Col de Chavière ; ceci a été confirmé par les marques auriculaires qui avaient été apposées sur les animaux.

Mais les observations les plus originales ont été recueillies suite à la réintroduction effectuée dans la vallée de Champagny. En juin 1980, onze Bouquetins, soit : six mâles et cinq femelles provenant de la vallée de la Maurienne, (où on les accusait au printemps de "tondre des pelouses un peu plus que la largeur de leurs langues"), ont été lâchés et suivis quotidiennement par Alfred et Fernand Ruffier. Ces deux gardes passionnés ont enregistré un "démarrage" rapide de la population. C'est ainsi qu'en 1981, chacune des étagnes a donné le jour à un cabri ; qu'en 1983, il y eut même sept naissances dont deux issues des femelles nées dans cette vallée en 1981. Ainsi il était démontré que, contrairement à ce que l'on peut lire dans des ouvrages spécialisés, les femelles de Bouquetins n'ont pas un cabri, seulement, tous les deux ans, mais peuvent très bien, dans le cas d'une population "jeune", se reproduire chaque printemps. Par ailleurs, durant cette période d'expansion de la population, l'âge de la maturité sexuelle peut être atteint dès un an et demi. En fait, les observations rapportées par Couturier étaient généralisées à partir de l'exemple d'une population "âgée" du Grand Para-

Cabri prêt à affronter l'hiver

dis où intervenaient, sans doute, des mécanismes d'auto-régulation !

En outre le repérage systématique des Bouquetins de la vallée de Champagny a permis de constater qu'ils effectuent, chaque année, une migration altitudinale de la manière suivante :

L'altitude moyenne minimale est obtenue au mois d'avril vers 1 700 m, ce qui correspond aux localités où les animaux peuvent atteindre les premières pousses d'herbe.

A partir du mois de mai, on observe une montée de la harde d'abord lente, puis qui prend son amplitude maximale au mois de juillet où elle atteint environ cinq cents mètres.

Cette "ascension" peut s'interpréter par le stade phénologique de la végétation, les animaux progressant en fonction de la pousse des plantes ; les mois d'août, de septembre et d'octobre correspondant à la période d'exploitation des terrains situés aux altitudes supérieures, soit dans le cas rapporté entre 2 700 et 2 800 m. Novembre et décembre sont plus fluctuants, en fonction des conditions nivologiques, mais surtout du rut durant lequel les femelles cherchent à se soustraire aux avances répétées de mâles. Entre décembre et janvier, époque, souvent, des grosses chutes de neige, les animaux sont, ici, contraints, de regagner cent à deux cents mètres d'altitude vers des crêtes ventées où la nourriture reste accessible et les risques d'avalanches sont moindres.

Février, mars voient la descente progressive de la harde pour atteindre son niveau d'altitude inférieur en avril.

Dans cette stratégie d'occupation de l'espace, il semble que les femelles exploitent, en altitude du moins, un plus large éventail que les mâles, alors que ceux-ci effectuent de plus grands déplacements "latéraux". Corrélativement, les femelles semblent gagner, la plupart du temps, avec un mois d'avance, les différents biotopes.

Ainsi elles amorcent la montée en altitude dès le mois de mai, alors que les mâles le font plus volontiers en juin, de même elles descendent des crêtes ventées à partir de février, alors que les mâles le font généralement en mars.

Il ressort de ces premières études écologiques que : à notre échelle de perception, quelques dizaines d'années, le Bouquetin est une espèce lente à coloniser spontanément de nouveaux territoires. Ainsi il a presque fallu quinze années pour que les Bouquetins originaires des vallées de Rhême-Notre-Dame ou de Ceresole, fassent souche dans la haute vallée de l'Isère. Il convient de préciser qu'avant la création de la Réserve Naturelle de la Grande Sassière en 1973, le plomb "plus ou moins atmosphérique" qui régnait à proximité des cols frontaliers ne devait pas encourager l'essaimage !

Des migrations semblent correspondre plus à un comportement discriminatoire atavique des mâles, celles-ci concourraient à "optimiser" l'utilisation des ressources du milieu plutôt qu'à une recherche de nouveaux domaines vitaux.

L'asynchronisme des déplacements entre mâles et femelles renforcerait également la "rentabilisation" de l'espace occupé.

Cependant, sous certaines conditions, la colonisation de milieux appropriés, à partir de réintroductions, est tout à fait envisageable. Il conviendra en particulier de sélectionner des pentes fortes, rocheuses mais non avalancheuses, ayant de bonnes expositions à dominante Sud ou Sud-Ouest.

Malgré tout ne nous trompons pas ; bien des "versants" de la connaissance du Bouquetin restent à acquérir ; je viens d'en avoir une preuve supplémentaire : de la même façon que l'on peut simplement entendre ou au contraire écouter attentivement un concert de passereaux à la lisière d'une forêt, on peut seulement entr'apercevoir ou decripter finement un paysage, une scène de la Vie Sauvage !

Bien sûr, j'avais déjà eu la chance d'assister, en décembre, lorsque la montagne est devenue silencieuse, à la cour rituelle des Bouquetins mâles vis-à-vis des étagnes, mais aujourd'hui, l'éthologiste Georges Gonzalez m'initiait à observer, avec le regard d'un spécialiste du comportement animal. Bien vite, des attitudes que je n'avais même pas perçues auparavant émergeaient, les gestes s'ordonnaient, chacun pouvait être interprété, nommé, tout ceci sans nuire au caractère idyllique des différents tableaux qui s'offraient à nous. J'étais d'autant plus réceptif à la leçon que j'était venu, la semaine précédente, effectuer quelques clichés photographiques... j'allais donc pouvoir leur offrir des légendes.

Plus grand, plus sombre et plus mobile, c'est tout d'abord un mâle aux cornes usées qui retint notre attention. Comme une flamme duveteuse, d'un blanc pur, sa queue, constamment érigée, tranchait d'une façon outrancière avec sa robe aux poils de jarre chocolat. Il adoptait fréquemment la posture "cou tendu", ce qui avait pour effet d'"effacer" ses cornes dans le prolongement du dos. Parvenu à quelques mètres d'une femelle, il retroussa à plusieurs reprises sa lèvre supérieure et effectua une série de mouvements de la langue. Comble de la "déchéance" pour ce Chevalier que nous pouvions supposer dominant vis-à-vis des mâles plus jeunes, nous l'entendîmes émettre un bêlement pitoyable de chevreau, à l'adresse de la femelle convoitée. Celle-ci, loin de se laisser séduire, esquissa dans sa direction un hochement de tête qui le fit reculer. Cette posture "cou tendu" selon Georges, offre différents avantages dont celui d'afficher, grâce à l'effacement des cornes, sa non agressivité ; en outre un organe sensoriel au niveau du palais permet d'analyser les effluves et de déterminer la réceptivité de la femelle !...

Ce trait de comportement était un de ceux que Georges avait commencé à interpréter dans la Sierra de Gredos sur le Bouquetin Ibérique. Il était très révélateur de la distance qui restait à parcourir pour mieux comprendre le déterminisme des activités des Bouquetins. En ce sens, ce fut un argument supplémentaire pour décider de promouvoir un véritable programme de recherche sur l'ensemble des Alpes Françaises, afin de **connaître** et **protéger** plus efficacement cette espèce pour laquelle il existe encore une énorme disparité entre l'aire occupée et l'aire potentielle : en un mot, pour rendre au *"Seigneur* tous les *honneurs* qui lui sont dus".

"Déclarez la paix aux animaux timides..." Samivel.

RÉFÉRENCES BIBLIOGRAPHIQUES

ARNOLD (E.N.), BURTON (J.A.), 1978. — Tous les reptiles et amphibiens d'Europe en couleurs. *Edit. Elsevier, Bruxelles, 271 p.*

BACH (J.M), 1982. — Bilan de la réintroduction du Castor en Haute-Savoie. Rapport de stage : BTSA Protection de la Nature, 75 p.

BANG (P.), DAHLSTRÖM (P.), 1974. — Guide des traces d'animaux.
Edit. Delachaux et Niestle, Neuchâtel, 240 p.

BARASH (D.P), 1976. — Social behaviour and individual différences in free-living alpine marmots. Anim. Behav., XXIV, 27-35.

BEAUFORT (F.de), 1983. — Livre rouge des espèces menacées en France.
I : Vertébrés. Secrétariat de la Faune et de la Flore, *Paris, 233 p.*

BERDUCOU (CL.), FALIU (L.), BARRAT (J.), 1982. — Le régime alimentaire de l'Ours Brun des Pyrénèes. Bulletin mensuel de l'Office National de la Chasse, *Paris, n° 54 : 34-44.*

BERNARD (A.), 1982. — Note sur le régime alimentaire automnal du Lagopède alpin dans les Alpes du Sud (*Lagopus mutus* M.). Bulletin mensuel de l'Office National de la Chasse, *Paris, n° 55 : 20-24.*

BILLE (R.P.) 1983. — La Faune des Alpes. Edit Denoël, *Paris, 96 p.*

BLONDEL (J.), BADAN (O.), 1976. — La biologie du Hibou grand-duc en Provence. Nos oiseaux, Vol. XXXIII, fasc. 5, *Neuchâtel, 189-219.*

BOILLOT (F.), 1980. — Différents types de marquages utilisés pour l'étude éco-éthologique du Chamois vosgien. Bulletin mensuel de l'Office National de la Chasse, *Paris, n° 35 : 13-18.*

BOUCHE (M.), 1985. — Premières données sur le lièvre variable dans le Parc National des Ecrins. Rapport : Parc Nation. Ecrins, *Gap, 49 p.*

BRINK (F.H. Van den), BARRUEL (P.), 1967. — Guide des mammifères sauvages d'Europe. *Edit. Delachaux-Niestle, Neuchâtel, 263 p.*

CHALINE (J.), BAUDVIN (H.), JAMMOT (D.), SAINT GIRONS (M.C.), 1974. — Les proies des rapaces (petits mammifères et leur environnement). *Edit. Doin, Paris, 141 p.*

CHATAIN (M) 1985. — Etude d'Environnement de la périphérie du lac du Bourget. Moyens d'action pour la protection de l'environnement naturel et paysager. *Rapport C.E.T.E., Lyon, 134 p.*

COUPE (S.), MARTINOT (J.P.), 1982. — Lacs de Savoie : découverte, pêche et randonnées. *Edit. Glénat, Grenoble, 224 p.*

COUTURIER (M.A.J.), 1938. — Le Chamois. *Edit. Arthaud, Grenoble 856 p.*

COUTURIER (M.A.J.), 1954. — L'Ours Brun. *Grenoble, 905 p.*

COUTURIER (M.A.J.), 1962. — Le Bouquetin des Alpes. *Grenoble, 1564 p.*

COUTURIER (M.A.J.), 1964. — Le Gibier des montagnes françaises. *Edit. Arthaud, Grenoble, 464 p.*

CROCQ (C.), 1978.— Ecologie du Casse-noix dans les Alpes Françaises du Sud, ses relations avec l'Arolle. Thèse, *Aix-Marseille, 189 p.*

DARDAILLON (M.), 1984. — Le Sanglier et le milieu camarguais : dynamique coadaptative. Thèse, *Toulouse, 345 P.*

DARDAILLON (M.), TEILLAUD (P.), 1986. — Ethogramme du Sanglier adulte et du marcassin. Rapport, 37p.

DELATTRE (P.), 1982. — Données écologiques sur la Belette (*Mustela nivalis* L.) et l'Hermine (*Mustela erminea* L.). Bulletin mensuel de l'Office National de la Chasse, *Paris, n° 54 : 26-33.*

DELMAS (M.), MIQUET (A.), 1986. — Journées d'étude « Tétras-lyre et ski », Champagny-en-Vanoise, 5 et 6 novembre 1985. Rapport du Ministère de l'Environnement, *Chambéry, 44 p.*

EROME (G.), 1982. — Contribution à la connaissance éco-éthologique du Castor dans la vallée du Rhône. Thèse, *Lyon, 284 p.*

FERBAYRE (J.P.) et coll, 1983. — Contribution à la connaissance de la biogéographie et de l'éco-éthologie du Chamois en Vanoise. Actes du VIIe Colloque National de Mammalogie - *Grenoble, 26 p.*

FRAMARIN (F.), 1982. — Première enquête sur la population de l'Aigle royal dans le Parc National du Grand Paradis (ITALIE). Acta Biologica Montana. I, *Pau, 281-291.*

GEROUDET (P.), 1979. — Les rapaces diurnes et nocturnes d'Europe. *Edit. Delachaux et Niestle, Neuchâtel, 426 p.*

GONZALEZ (G.), 1982. — Données préliminaires sur l'éco-éthologie du Bouquetin ibérique. Diplôme d'Etudes Approfondie, *Toulouse, 149 p.*

HAINARD (R.), 1961. — Mammifères sauvages d'Europe. Tome I : Insectivores, chéiroptères, carnivores. *Edit. Delachaux - Niestle, Neuchâtel, 322 p.*

HAINARD (R.), 1962. — Mammifères sauvages d'Europe. Tome II : Pinnipèdes, ongulés, rongeurs, cétacés. *Edit. Delachaux - Niestle, Neuchâtel, 352 p.*

HARS (J.), GAUTHIER (D.), 1984. — Suivi de l'évolution de la kératoconjonctivite sur le peuplement d'ongulés sauvages du Parc National de la Vanoise (Département de la Savoie) en 1983. Trav. Sci. Parc Nation. Vanoise, XIV, 157-210.

LEBRETON (Ph.), 1973. — Savoie Vivante : animaux et fleurs des régions de France. *Edit. S.A.E.P, Colmar, 220 p.*

LEBRETON (Ph.), TOURNIER (H.), LEBRETON (J.D.), 1976. — Etude de l'avifaune du Parc National de la Vanoise. VI - Recherches d'ordre quantitatif sur les oiseaux forestiers de Vanoise. Trav. Sci. Parc Nation. Vanoise, Tome VII, 163-243.

LEBRETON (Ph.), 1977. — Atlas ornithologique Rhône-Alpes : les oiseaux nicheurs rhônalpins. Centre Ornithologique Rhône-Alpes, *Lyon, 354 p.*

MARTINOT (J.P.), 1983. — L'Aigle royal (*Aquila chrysaëtos*) dans le département de la Savoie, plus particulièrement dans le Parc National de la Vanoise (France). Trav. Sci. Parc Nation. Vanoise, XIII, 175-181

MARTINOT (J.P.) et coll, 1983. — Contribution à la connaissance de la biogéographie et de l'éco-éthologie du Bouquetin en Vanoise. Actes du VIIe Colloque National de Mammalogie. *Grenoble, 103-121.*

MARTINOT (J.P.), 1986. — Répartition et statut de protection des Amphibiens et Reptiles du Parc National de la Vanoise et de sa zone périphérique. Trav. Sci. Parc Nation. Vanoise, XV, 255-269.

MIQUET (A.), 1984. — Tétras-lyre et Tourisme Hivernal en Haute-Tarentaise : différents impacts-recommandations pour les aménagements. Mémoire de DEA d'Ecologie Appliquée. *Chambéry, 36 p.*

MOULIN (A.), 1984. — Promenades à l'ombre des mélèzes. Parc National de la Vanoise. *Chambéry, 102 p.*

NOBLET (J.F.), BERTHOUD (G.), 1981. — Comment reconnaître les chauves-souris de France. Sté Française pour l'Etude et la Protection des Mammifères. *Grenoble, 35 p.*

OFFICE NATIONAL DE LA CHASSE, 1981. — Bulletin mensuel. Numéro scientifique et technique : Tétraonidés. *Paris, 256 p.*

OFFICE NATIONAL DE LA CHASSE, 1983. — Bulletin mensuel. Numéro scientifique et technique : Anatidés et zones humides. *Paris, 315 p.*

OFFICE NATIONAL DE LA CHASSE, 1985. — Bulletin mensuel. Numéro spécial Dégâts de gibier, n° 96, *Paris, 44 p.*

PARDE (J.M.), 1984. — Ecologie de l'Ours brun (*Ursus-arctos.* L)
dans les Pyrenées centrales et orientales : application à la conservation de ses biotopes. Thèse, *Toulouse, 233 p.*

PARENT (G.H.) 1981. — Matériaux pour une herpétofaune de l'Europe occidentale. Contribution à la révision chorologique de l'herpétofaune de la France et du Benelux. Bull. mens. de la Sté Linnéenne de *Lyon, III, 86-111.*

PETERSON (R.), MOUNTFORT (G.), HOLLOM (P.), GEROUDET (P.), 1967. — Guide des Oiseaux d'Europe. *Edit. Delachaux - Niestle, Neuchâtel, 447 p.*

SAINT-GIRONS (H.), 1975. — Cœxistence de *Vipera aspis* et de *Vipera berus* en Loire-Atlantique : un problème de compétition interspécifique. La terre et la vie. *Paris, XXIX, 4, 590-613.*

SAINT-GIRONS (M.C.), 1973. — Les Mammifères de France et du Benelux. *Edit. Doin, Paris, 481 p.*

SAINT-GIRONS (M.C.), 1977. — Une technique douce pour l'étude des petits mammifères : L'analyse des pelotes de réjection des l'Effraie *Tyto alba.* Penn ar bed, 87-96.

SOCIETE FRANCAISE POUR L'ETUDE ET LA PROTECTION DES MAMMIFERES, 1984. — Atlas des Mammifères sauvages de France. *Paris, 299 p.*

SOCIETE HERPETOLOGIQUE DE FRANCE, 1978. — Atlas préliminaire des reptiles et amphibiens de France. *Montpellier, 137 p.*

TEILLAUD (P.), 1986. — Stratégies Alimentaires et statut social chez le sanglier en captivité. Behavioural Processes, XII, 327-397.

TOURNIER (H.) 1976. — Contribution à la connaissance écologique de l'avifaune des milieux humides savoyards. Thèse, *Grenoble, 160 p.*

WIERSEMA (G.), 1983. — L'habitat saisonnier du Bouquetin (*Capra ibex* L.) dans le Parc National de la Vanoise. Trav. Sci. Parc Nation. Vanoise, XIII, 211-222.

LEXIQUE SCIENTIFIQUE ET TECHNIQUE

A

Adret : Versant d'une vallée exposé au Sud.
Anatidés : Famille d'oiseaux qui regroupe les Canards de surface et les Canards plongeurs.
Anthropophile : Espèce attirée par la proximité de l'homme : le Rat brun, par exemple.
Apex : Extrémité d'un poil, du bec,...
Arboricole : Qui loge dans un arbre.
Arcosse : Nom vernaculaire donné dans les Alpes à l'Aulne vert, encore appelé Verne.
Arolle : Nom commun du Pin Cembro.
Atavique : Caractère qui se retrouve parmi la descendance plus ou moins éloignée.

B

Barillon : Nom donné en Maurienne à un ballot de foin lié sur des perches ; on pouvait le faire glisser le long d'un câble.
Barycentre : Centre de gravité.
Bief : Partie d'un canal.
Bièvre : Ancien nom donné au Castor.
Biocénose : Ensemble des organismes vivants, présents dans une communauté.
Biogéographie : Etude de la répartition des espèces.
Biomasse : Masse (poids) de matière vivante.
Biotope : Milieu défini dans lequel vivent des communautés végétales et animales.
Blache : Nom local donné aux herbes des marais utilisées comme litière.
Bouc : Employé communément pour le mâle du Chamois ou du Bouquetin.
Bréchet : Sternum chez les oiseaux.

C

Carex : Genre de plante à tige de section triangulaire, commune dans les zones humides.
Caroncule : Protubérance de couleur rouge, qui se développe, à l'époque des pariades, chez les mâles de certains oiseaux comme le Tétras-Lyre.
Caryotype : Formule des chromosomes des cellules d'une espèce donnée.
Caudales (sous) : Plumes situées sous la queue.
Cavernicole : Qui vit dans les grottes.
Cembraie : Forêt de Pins Cembro.
Cheiroptères ou Chiroptères : Ordre des Chauves-Souris.
Chèvre : Nom commun donné à la femelle du Chamois.
Clapier : Eboulis parfois aussi appelé Casse.
Cône : Fruit des conifères, "pomme de pin".
Coprophage : Qui mange des excréments.
Coprologie : Etude du régime alimentaire par l'analyse des excréments.
Corvidés : Famille d'oiseaux à laquelle appartient le Corbeau, le Geai..
Coulée : Trace laissée par le passage répété d'un animal.

D

Débit réservé : Quantité d'eau libre, à l'aval d'un captage.
Dimorphisme (sexuel) : Différences morphologiques entre les deux sexes d'une espèce.
Domaine vital : Espace sur lequel s'accomplit la totalité du cycle biologique d'un animal.
Doron : Désigne une rivière dans certaines régions comme le Beaufortain ou la Tarentaise.

E

Eclectique : Se dit, en outre, du régime alimentaire, par opposition à *spécialisé.*
Ecologue : Personne qui étudie l'Ecologie ; de préférence à *Ecologiste* qui a pris, aujourd'hui, une consonance politique, voire "anarchiste".
Ecosystème : Ensemble constitué par un milieu déterminé (biotope) incluant l'ensemble des organismes qui y vivent (biocénose).
Epinette : Conifère du Canada rappelant l'Epicea.
Epizootie : Maladie contagieuse qui concerne les animaux.
Etages : A propos de végétation, formations rencontrées selon l'altitude ; on distingue chez nous, les étages : collinéen, montagnard, subalpin, alpin et nival.
Etagne : Nom vernaculaire donné à la femelle du Bouquetin.
Ethologie : Science qui étudie les comportements.
Etiologie : Science qui étudie la cause des maladies.
Eutrophe : Etat d'un lac capable d'accueillir (nourrir) beaucoup d'organismes. L'eutrophisation est un processus de vieillissement naturel qui affecte plus ou moins rapidement tous les plans d'eau.

F

Farou : Nom local donné à un vent d'Ouest, dans la région du lac du Bourget.
Fayard : Nom commun attribué au Hêtre.

Fécés : Terme général pour désigner les excréments solides.
Forge : Lieu utilisé par un Pic ou un Ecureil pour décortiquer des cônes ou des graines.
Fumées : Déjections des Cervidés : Cerf, Chevreuil.

G

Gémellaire : Se dit à propos des jumeaux : *naissance gémellaire.*
Gouille : Nom vernaculaire pour désigner un trou d'eau dans une rivière.
Grégaire : Se dit des animaux qui vivent en groupe.
Guano : Accumulation de déjections d'oiseaux parfois aussi de Chauves-Souris.

H

Hématophage : Qui se nourrit de sang.
Hépatique : Relatif au foie mais également : classe de plantes voisines des Mousses et aussi espèce d'Anémone.
Homochromie : Faculté de certaines espèces, comme le Lièvre variable ou le Lagopède, de muer afin d'adopter la couleur du milieu selon les saisons.
Hygrophile : Espèce animale ou végétale qui affectionne la présence de l'eau.
Hyménoptères : Ordre d'insectes auquel appartiennent, les Abeilles, les Guêpes mais aussi les Fourmis.

I

Incubation : Durée entre la fécondation et la naissance ; temps pendant lequel les œufs sont couvés.
Intraspécifique : A propos des relations entre les individus d'une même espèce, par opposition à Interspécifique.
Introduction : Tentative d'acclimatation d'une espèce dans un lieu où elle n'a jamais existé. A distinguer de *réintroduction* qui consiste à essayer de restituer, dans un milieu, une espèce récemment disparue.
Isard : Nom donné au Chamois dans les Pyrénées.

J

Jarre : Poil long et rêche de la fourrure d'un animal.
Jugales : Relatif aux joues : glandes jugales.

K

Kératite : Inflammation de l'œil au niveau de la cornée.
Kérato-conjonctivite : Maladie des yeux souvent bilatérale atteignant la conjonctive et la cornée ; elle s'exprime en particulier chez le Mouton, le Chamois mais aussi chez le Bouquetin.

L

Laissées : Excréments des Carnivores : Renard, Martre, etc.
Liber : Partie du bois, sous l'écorce, qui comporte les vaisseaux conducteurs de la sève.
Lône : Nom régional donné à certains bras du Rhône.

M

Mélanique : De couleur noire. Certaines Vipères en montagne sont mélaniques, ce qui favoriserait l'accumulation de chaleur.
Musc : Sécrétion à odeur forte produite par certains Carnivores.

N

Nidifuge : Caractérise un poussin, comme celui du Lagopède, qui quitte précocement le nid, par opposition à Nidicole.

Nocturnes : Oiseaux de nuit, en particulier, Chouettes et Hiboux.

P

Pathogène : Qui provoque une maladie.
Pectiné : Qui possède la forme d'un peigne.
Pelote de rejection : Restes de poils et d'os, non digérés, régurgités par certains oiseaux.
Pessière : Forêt d'Epiceas.
Phénologique : Stades de la feuillaison et de la floraison des végétaux.
Photopériode : Durée de la période d'éclairement.
Photosynthèse : Synthèse de la matière végétale, au niveau des feuilles, grâce à la lumière.
Pinède : Forêt de Pins.
Polymorphisme : Propriété que possèdent certaines espèces d'offrir des caractères externes variables.
Poule : Employé de façon usuelle pour la femelle des Gallinacés : Tétras, Lagopède...
Prédateur : Animal qui capture des proies.
Prophylactique : Mesure prise pour combattre une maladie.

R

Réintroduction : Voir *Introduction.*
Rejection : Voir *Pelote.*
Relicte (glaciaire) : Espèce animale ou végétale, répandue aux âges glaciaires, actuellement confinée en périphérie des glaciers.
Rhizome : Tige souterraine qui se développe chez certaines plantes comme les Iris.
Ripisylve : Forêt riveraine des eaux courantes.
Rupestre : Qui vit sur les rochers.
Rupicole : Qui recherche un substrat rocheux.
Rut : Période de la reproduction chez les Grands Mammifères.

S

Saxicole : Synonyme de rupicole.
Scirpaie : Etendue de Scirpes (sortes de Joncs qui poussent dans les marais).
Sédentaire : Espèce qui réside toute l'année au même endroit, contraire de migratrice.
Sérac : Bloc de glace résultant d'un système de crevasses.
Sphaignes : Plantes voisines des Mousses qui croissent dans les tourbières.
Symbiose : Association entre individus d'espèces différentes, en principe, à "bénéfices" réciproques.
Systole : Contraction du cœur.

T

Thermorégulation : Moyens utilisés par les espèces à "sang-chaud" pour conserver leur température constante.
Troglophile : Espèce qui affectionne les grottes.
Turdidés : Famille d'oiseaux comprenant les Merles et les Grives, mais aussi les Traquets et les Rouge-queues.

U

Ubac : Versant de montagne exposé au Nord.
Ubiquiste : Se dit d'une espèce qui se rencontre dans des milieux différents.

V

Vibrisses : Fines moustaches exercant un rôle tactile.
Vicarience : Espèce qui occupe la place d'une autre en son absence.

Z

Zone de Combat : Limite supérieure de la forêt où les arbres ont du mal à croître, du fait des conditions climatiques.

Afin que demain, nos enfants
puissent connaître la joie d'aller
à la rencontre de la Vie Sauvage.

Imprimé sur les presses
de la Société INTERGRAPHIE
42000 SAINT-ETIENNE